西日本 公共の宿
こだわり厳選ガイド 改訂版

あんぐる 著

Mates-Publishing

はじめに

　公共の宿は、都道府県・市町村などの地方自治体をはじめ、公的機関や第三セクターなどが運営する宿泊施設。福利厚生を目的として観光地や立地のよいところに建てられ、誰もが気軽に利用できる宿泊施設として人気です。温泉がある旅館や駅近のホテル、自然に囲まれたコテージやキャンプ場など、さまざまなタイプの宿泊施設があり、家族や友人との旅行から一人旅まで、ニーズに合わせて選べるのもポイントです。

　本書では、宿の特徴のほか、宿泊料金や客室の内容、料理、設備、サービスなど、事前に知っておくと便利な情報をまとめました。みなさまの宿選びの参考になればうれしいです。

※本書は 2018 年発行の『西日本「公共の宿」厳選ベストガイド』に掲載していた情報の更新と一部掲載施設の差し替えを行い、書名を変更して改訂版として発行したものです。

Contents

	はじめに	2
	この本の使い方	8

近畿

大阪府
ホテルアウィーナ大阪	10
茨木市忍頂寺スポーツ公園・竜王山荘	11
大阪市舞洲障がい者スポーツセンター「ホテルアミティ舞洲」	12
大阪府立青少年海洋センター	13

兵庫県
休暇村 南淡路	14
ウェルネスパーク五色 公共の宿「浜千鳥」	15
ホテル北野プラザ六甲荘	16
丹波市立 丹波悠遊の森	17
国民宿舎 志んぐ荘	18
リフレッシュパーク市川	19
フォレストステーション波賀	20
ホテル シルク温泉 やまびこ	21
休暇村 竹野海岸	22
日本夕陽百選の宿 夕凪の丘	23
交流センター まきばの宿	24

京都府
白河院	25
花のいえ	26
丹後温泉 はしうど荘	27
アクトパル宇治	28
美山町自然文化村 河鹿荘	29
京都大呂ガーデンテラス	30

滋賀県
大河原温泉かもしか荘	31
国民宿舎 ビューロッジ琵琶	32
グリーンパーク山東 鴨池荘	33
ウッディパル余呉	34
グリーンパーク想い出の森 山荘くつき	35
己高庵	36
休暇村 近江八幡	37

近畿

奈良県
十津川温泉 ホテル昴	38
国民宿舎 葛城高原ロッジ	39
かくれ里の宿 森の交流館	40
湯盛温泉 ホテル杉の湯	41
きなりの郷 下北山スポーツ公園	42

和歌山県
休暇村 南紀勝浦	43
休暇村 紀州加太	44
美里の湯 かじか荘	45
あさぎり	46
癒しの宿 クアハウス白浜	47
南紀すさみ温泉 ホテルベルヴェデーレ	48

三重県
公立学校共済組合津宿泊所「プラザ洞津」	49
リバーサイド茶倉	50
奥伊勢フォレストピア	51
入鹿温泉 ホテル瀞流荘	52

中部

愛知県
モリトピア愛知	54
豊田市 百年草	55
休暇村 伊良湖	56

岐阜県
ホテルグランヴェール岐山	57
KKR 平湯たから荘	58
道の駅飛騨金山 ぬく森の里温泉	59
せせらぎ街道の宿 たかお	60
国民宿舎 恵那山荘	61

静岡県
休暇村 富士	62
伊豆まつざき荘	63
休暇村 南伊豆	64
国民宿舎 奥浜名湖	65

長野県
ほりで〜ゆ〜 四季の郷	66
なべくら高原・森の家	67
休暇村 乗鞍高原	68
浅間温泉 みやま荘	69
国民宿舎 松代荘	70

中部

福井県

休暇村 越前三国	71
国民宿舎 鷹巣荘	72
町営ホテル 流星館	73
泰澄の杜	74
しきぶ温泉 湯楽里	75
花はす温泉 そまやま	76

石川県

いこいの村 能登半島	77
珠洲温泉 のとじ荘	78
ホテルのときんぷら	79
国民宿舎 能登小牧台	80
休暇村 能登千里浜	81

富山県

八尾ゆめの森ゆうゆう館	82
五箇山温泉 国民宿舎 五箇山荘	83
国民宿舎 天望立山荘	84

中国

鳥取県

休暇村 奥大山	86
国民宿舎 水明荘	87
白兎会館	88

島根県

八雲温泉 ゆうあい熊野館	89
国民宿舎 さんべ荘	90

岡山県

作東バレンタインホテル	91
休暇村 蒜山高原 本館	92
ピュアリティまきび	93
国民宿舎 サンロード吉備路	94

広島県

広島市国民宿舎 湯来ロッジ	95
公共の宿 天然温泉 尾道ふれあいの里	96
休暇村 大久野島	97

中国

山口県
海眺の宿 あいお荘	98
セントコア山口	99
下関市 満珠荘	100
国民宿舎 大城	101
下関市営国民宿舎 海峡ビューしものせき	102

四国

徳島県
月ケ谷温泉 月の宿	104
神山温泉 ホテル四季の里＆いやしの湯	105

香川県
じゃこ丸パーク津田	106
国民宿舎 小豆島	107
休暇村 讃岐五色台	108

愛媛県
花の森ホテル	109
休暇村 瀬戸内東予	110
にぎたつ会館	111
河辺ふるさとの宿	112

高知県
馬路温泉	113
中津渓谷 ゆの森	114
高知共済会館 COMMUNITY SQUARE	115
星ふるヴィレッジ TENGU	116
土佐和紙工芸村　くらうど	117
ホテル星羅四万十	118
四万十源流の里	119
宿毛リゾート 椰子の湯	120

九州

福岡県
休暇村 志賀島	122
KKRホテル博多	123
国民宿舎 マリンテラスあしや	124
星野温泉 池の山荘	125
福岡リーセントホテル	126

大分県
別府 豊泉荘	127
ホテルベイグランド国東	128

九州

佐賀県
グランデはがくれ	129
国民宿舎 いろは島	130

長崎県
公共の宿 くじゃく荘	131
ホテルセントヒル長崎	132
国民宿舎 壱岐島荘	133

熊本県
KKR ホテル熊本	134
休暇村 南阿蘇	135
そよ風パーク	136
ゆのまえ温泉 湯楽里	137
一勝地温泉 かわせみ	138
山江温泉 ほたる	139
さがら温泉 茶湯里	140
牛深温泉 やすらぎ荘	141

宮崎県
国民宿舎 ホテル高千穂	142
ごかせ温泉 森の宿木地屋	143
綾川荘 本館	144
国民宿舎 えびの高原荘	145
ホテル青島サンクマール	146
かかしの里ゆぽっぽ	147

鹿児島県
国民宿舎 ボルベリアダグリ	148
ホテル ウェルビューかごしま	149
国民宿舎 レインボー桜島	150
休暇村 指宿	151
おきえらぶフローラルホテル	152
マリンパレスかごしま	153

MAP	154
INDEX	158

この本の使い方

インフォメーション

電話・FAX・住所・URL・予約窓口・チェックイン・アウトの時間を記載しています。休みは定期休日がある場合のみの記載で、設備点検などでの不定休は記載していません。

対応しているものについて、アイコンを表示しています。

温泉	温泉がある
Wi-Fi	館内にWi-Fiスポットがある
バリアフリー	バリアフリー対応（一部対応を含む）
一人旅	一人宿泊の受け入れ可能
ペット	ペット連れで宿泊可能
喫煙	喫煙可能な客室がある
CARD	クレジットカードでの支払いが可能

宿泊料金

基本的に1泊2食（税・サ込）1名あたりの金額を記載していますが、宿泊施設のタイプなどにより異なる場合があります。休前日やシーズンなどで料金が異なる場合の目安を追記していますが、料理の内容や部屋のタイプなどにより料金が異なる場合がありますので、詳細はご確認ください。

本書に記載している情報は、2023年10月現在のものです。現地の状況や利用料金などは予告なく変更になる場合がありますので、ご利用の前に詳細をご確認ください。

アクセスデータ

周辺の地図と施設までのアクセスを記載しています。

宿泊施設名

客室

客室数と部屋タイプの内訳、客室内の設備・備品を記載しています。

風呂

大浴場・露天風呂・サウナの有無と入浴時間、設備・備品を記載しています。温泉の有無は、アイコンでご確認ください。

※プラスチックごみ削減のため、歯ブラシなどはなるべく持参しましょう。

料理

料理の内容や特徴を記載しています。写真は一例で、季節料理や特別料理の場合があります。料理の内容は、金額や季節により異なります。詳細はご確認ください。

設備・サービス

アイコンで表示したWi-Fi、一人旅（一人宿泊）、バリアフリーについて追記しています。その他は、施設内の設備などを記載しています。

近　畿

大阪府 ------------------------------ 10

兵庫県 ------------------------------ 14

京都府 ------------------------------ 25

滋賀県 ------------------------------ 31

奈良県 ------------------------------ 38

和歌山県 ---------------------------- 43

三重県 ------------------------------ 49

ホテルアウィーナ大阪

ほてるあうぃーなおおさか

近畿 / 大阪府

Wi-Fi / バリアフリー / 一人旅 / 喫煙 / CARD

☎06-6772-1441　fax:06-6772-1095

大阪市天王寺区石ケ辻町19-12
予約●電話・HP・予約サイト　IN/OUT●16：00／10：00
HP●https://www.awina-osaka.com/

9階建てで結婚式場・大宴会場を備えたフルサービス型のホテル

閑静な趣を残すエリアにある老舗ホテル

　多くの史跡や文化の薫りに出会える上町台地という大阪の中心地にある、創業50年を超える公立学校共済組合のホテル。シングルからラグジュアリーまであらゆるニーズに対応する客室を備える。5階には漢方入浴剤入りのお風呂がある。ユニバーサル・スタジオ・ジャパンや京都、奈良、神戸へのアクセスにも最適だ。

宿泊料金
素泊まり（税・サ込）
大人	7,000円～
小人（6～12歳）	3,500円～

※幼児（6歳未満）無料（ベッド利用の場合は3,000円～）※土・日曜、祝前日、繁忙期は料金増

疲れを癒す漢方入浴剤入りの風呂

客室●111室（全室バス・トイレ付）
和5室　洋102室　和洋4室
設備・備品／液晶テレビ・冷蔵庫・ドライヤー・スリッパ・湯沸しポット・加湿器付空気清浄機など

風呂●サウナ付浴場
入浴／16：00～24：00
設備・備品／シャンプー、コンディショナー、ボディーソープなど

近鉄大阪上本町駅より徒歩約3分、大阪メトロ谷町線谷町九丁目駅より徒歩約10分
車▶阪神高速1号環状線道頓堀出口より約1.6km、阪神高速13号東大阪線法円坂出口より約2.7km
P▶100台（1泊1,000円）
送迎▶なし

料理

夕食▶洋食（レストラン）。宴会場利用の場合は、和会席、和洋会席もあり
朝食▶和洋バイキング（レストラン）1,200円
子ども▶小学生850円、未就学児無料

設備・サービス

Wi-Fi▶館内完備
一人旅▶素泊まり7,000円～
バリアフリー▶対応客室あり（1室）
その他▶漢方薬湯、サウナ

茨木市忍頂寺スポーツ公園・竜王山荘

いばらきしにんちょうじすぽーつこうえん りゅうおうさんそう

`Wi-Fi` `バリアフリー` `喫煙` `CARD`

☎072-649-4402　fax:072-649-1248
茨木市大字忍頂寺1049
予約●電話（茨木市内居住者6カ月前、市外居住者3カ月前の同日9：00から3日前まで）
IN/OUT●15：00／10：00　年末年始（12/29〜1/4）休み　HP●https://meijisp.jp/ninchoji/

近畿 大阪府

茨木市北部の山間エリアにある2階建ての山荘

JR茨木駅より阪急バスで約40分、または阪急茨木駅より阪急バスで約50分、忍頂寺下車、徒歩約3分
車▶名神高速道路茨木ICより約9km、新名神高速道路茨木千堤寺ICより約4km
P▶122台（無料）、駐輪場約20台（無料）
送迎▶要相談

スポーツ公園に併設した宿泊・研修施設

家族や友人から団体まで幅広いニーズに対応できる宿泊・研修施設。レストランは、食事のみの利用（昼食）も可能で、サイクリングやドライブの合間に休憩での立寄りも多い。スポーツ公園には、多目的グラウンド、テニスコート、ゲートボール場（ドッグラン）のほか、多彩な遊具などを備えた「わんぱく広場」がある。

料理

夕食▶レストランでは本格的な会席から軽食まで幅広い
朝食▶レストランで和食または洋食のセット
子ども▶お子様セット（夕食）
※食事はすべて宿泊予約時に要予約。予算に応じて おまかせ会席や船盛の手配も可能

宿泊料金

素泊まり（税・サ込）
大人　　　　　　　3,000円
小人（4歳〜中学生）1,500円
※幼児（4歳未満）無料（寝具なし添い寝のみ）
※茨木市民は割引あり

客室●10室（バス・トイレ付2室、トイレ付6室）和5室　和洋5室
設備・備品／テレビ、冷蔵庫、湯沸かしケトルなど

風呂●大浴場
入浴／16：00〜23：00
設備・備品／固形石鹸、脱衣所にドライヤー
※アメニティグッズやタオルなし

設備・サービス

Wi-Fi▶ロビー、レストランのみ
一人旅▶対応なし
バリアフリー▶エレベーター、トイレあり
喫煙▶客室以外は禁煙
その他▶カラオケルーム、大型テラス（BBQ可）

男性用の大浴場（女性用は小浴場）

近畿 大阪府

大阪市舞洲障がい者スポーツセンター「ホテルアミティ舞洲」
おおさかしまいしましょうがいしゃすぽーつせんたー ほてるあみてぃまいしま

`Wi-Fi` `バリアフリー` `一人旅` `CARD`

☎06-6465-8210　fax:06-6465-8213
大阪市此花区北港白津2-1-46
予約●●電話　※障がい者・シニアは1年前の同日9：00〜、一般は半年前の同日9：00〜
IN/OUT●16：00／10：00　HP▶https://fukspo.org/maishimassc/hotel/index.html

客室内にもバリアフリー設備が充実

JRゆめ咲線桜島駅より無料シャトルバスで約10分、JR西九条駅より大阪シティバス舞洲スポーツアイランド行き（系統81号）、アミティ舞洲下車すぐ
車▶阪神高速5号湾岸線湾岸舞洲出口より約1.5km
P▶96台（無料）
送迎▶無料シャトルバスあり

誰でも利用できる全館バリアフリーの宿

　障がいのあるなしにかかわらず、安心して宿泊できる全館バリアフリーのホテル。部屋は広々としていて、洋室12室のうち2室はリフト付きで、大浴場にも入浴リフトを備えている。ユニバーサル・スタジオ・ジャパンや海遊館にも近く、ホテルから桜島駅まではシャトルバスが出ているので便利。大阪港エリアの夜景も抜群だ。

宿泊料金
素泊まり（税・サ込）
障がい者手帳をお持ちの方（12歳以上）とその介護者2名まで、65歳以上の方
4,000円
上記以外の大人（中学生以上）**6,500円**
小人（小学生）**2,800円**
※幼児（未就学児）無料

客室●27室（バス・トイレ付12室）
和12室　洋12室　和洋3室

設備・備品／テレビ、冷蔵庫、タオル、防水シーツ、部屋着、<洋室のみ>リンスインシャンプー、ボディーソープ、ドライヤー

風呂●大浴場・家族浴場
入浴／16：00〜23：00、6：00〜9：00
設備・備品／大浴場（入浴リフト設置）、家族浴場2室（1室入浴リフト付）

料理
夕食▶和食・洋食（完全予約制）2,550円、2,500円、1,800円
朝食▶和食・洋食（完全予約制）880円
子ども▶お子様ランチ（小学生以下）
※10名以上の団体のみ受付。アレルギー対応、ペースト食可能

設備・サービス
Wi-Fi▶無料貸し出し
一人旅▶通常料金に1,000円加算
バリアフリー▶全室対応
その他▶レストラン、スポーツセンター（温水プール、卓球室、プレイルームなど）、図書室など

大阪府立青少年海洋センター
おおさかふりつせいしょうねんかいようせんたー

`バリアフリー` `一人旅`

☎072-494-1811　fax:072-494-1735
泉南郡岬町淡輪6190

予約▶電話（5月1日〜15日の期間に次年度の1次予約、それ以外は随時）
IN/OUT▶15：00／14：00　HP▶http://www.osaka-kaiyo.com/

近畿　大阪府

インパクトのある色の建物

南海本線淡輪駅より徒歩約10分
車▶阪神高速湾岸線泉佐野南出口より国道26号経由で約20km、阪和自動車道泉南ICより国道26号経由で約13km
P▶30台（無料）
送迎▶なし

多彩なマリンプログラムが魅力

　海水浴場が隣接し、大阪湾を一望できるロケーションに恵まれた施設。カヌー、ヨット、クルーザーなど、スタッフの指導を受けながら、初心者でも安心して体験できる。ロープワークや石ころアート、シェルアートなどクラフトの室内体験も可能。野外炊さん施設も完備しているので、カレー作りやBBQも楽しめる。

宿泊料金
1泊3食（税・サ込）

大人	（30歳以上）	5,870円〜
大人	（20〜29歳）	4,935円〜
小人	（4歳〜19歳）	3,985円〜
幼児	（3歳以下）	食事代

※大阪府民は別料金

客室▶42室
8人定員36室　4人定員6室
設備・備品／冷暖房完備

風呂▶大浴場
入浴／15:00〜22:00
設備・備品／なし

料理

食事▶夕食・朝食・昼食とも給食（野外炊さんも可能）。幼児は昼食（お子さまカレーまたはチキンライス）、夕食（鶏のからあげまたはハンバーグ）を10食以上から注文可能

設備・サービス
Wi-Fi▶なし
一人旅▶宿泊室の状況により受け入れ可能
バリアフリー▶一部対応
その他▶総合ホール兼体育館、グラウンド、自炊場

海水浴場も隣接している

休暇村 南淡路
きゅうかむら みなみあわじ

近畿 / 兵庫県

温泉 | Wi-Fi | バリアフリー | 一人旅 | CARD

☎0799-52-0291　fax:0799-52-3651
南あわじ市福良丙870-1

予約●電話（6カ月前の同日10：00～）・HP・予約サイト　IN/OUT●15：00／10：00
HP●https://www.qkamura.or.jp/awaji/

鳴門海峡と福良湾を見渡す高台に建つ

三宮バスターミナルより高速バス福良行きで約90分、福良下車徒歩約3分、なないろ館前より休暇村行きシャトルバスで約10分
車▶神戸淡路鳴門自動車道西淡三原ICより県道31号・国道28号経由で南へ約6km
P▶100台（無料）
送迎▶道の駅福良から15：10、16：35、17：05にあり

海と空を楽しむ淡路島の宿

淡路島の南端にあり、館内から観潮船や漁船が行き交うのどかな景色が見える。ガラス張りの展望大浴場と露天風呂、ジャグジーからも鳴門海峡を一望。食事は鳴門海峡で水揚げされた魚を使った海鮮ビュッフェが人気だ。また、大型望遠鏡を完備し、毎日夕食後に「星のソムリエ」によるスターウォッチングを開催する。

料理

夕食▶季節の味覚会席または海鮮ビュッフェ（通年）
朝食▶ビュッフェ
子ども▶ビュッフェ。大人が会席の場合はお子様プレートを用意

宿泊料金
1泊2食（税・サ込）

大人	16,500円
小人（小学生）	8,000円
幼児（4歳以上）	4,000円

※上記は2名1室海鮮ビュッフェプラン利用の場合。土曜、休前日大人2,200円増、GW、夏休み、年末年始など大人3300円増。入湯税150円（大人のみ）

客室●81室（バス付12室）
和48室　洋33室
設備・備品／トイレ、テレビ、冷蔵庫、タオル、浴衣、歯ブラシ、ドライヤー、空気清浄機など

風呂●大浴場・露天風呂
入浴／15：00～24：00、5：00～9：00
設備・備品／シャンプー、リンス、ボディーソープ、ヘアリキッド、カミソリ、ドライヤーなど

設備・サービス
Wi-Fi▶館内可能
一人旅▶1泊2食18,000円～（平日1名1室利用、入湯税別途150円）
バリアフリー▶対応客室あり（洋3室）、館内対応
その他▶レストラン、売店、ドリンクコーナー、天文館など

鳴門海峡を一望する絶景温泉

天文館でスターウォッチング

ウェルネスパーク五色 公共の宿「浜千鳥」
うぇるねすぱーくごしき こうきょうのやど はまちどり

近畿 兵庫県

Wi-Fi　バリアフリー　一人旅　喫煙　CARD

☎0799-33-1600　fax:0799-33-1603

洲本市五色町都志1087

予約●電話（6カ月前〜）・HP（5カ月前〜）　IN/OUT●15：00／10：30

HP●https://www.takataya.jp/

温泉もスポーツも大満足

三宮バスターミナルより高速バス高田屋嘉兵衛公園行きで約85分、終点下車すぐ
車▶神戸淡路鳴門自動車道北淡ICより県道31号経由で約19km
P▶200台（無料）
送迎▶淡路島内送迎あり（要予約）

潮風が心地よい複合施設でアウトドア三昧

広大な敷地の中に、食べて遊んで体験できる様々な施設を完備。宿泊施設は和・洋室、離れを完備する公共の宿「浜千鳥」のほか、バーベキューサイト付きのログハウスやオートキャンプ場がそろう。芝生広場やテニスコートで汗を流した後は、五色天然温泉「ゆ〜ゆ〜ファイブ」でゆっくり。

料理

夕食▶会席料理
朝食▶和食
子ども▶子供プレート（1,100円）、子供朝食（880円）あり

宿泊料金
1泊2食（税・サ込）
大人　　　　　　14,600円〜
小人（小学生）　 8,400円〜
※幼児は寝具・食事なしの場合無料

客室●14室（バス付10室）
和3室　洋7室　離れ4棟
設備・備品／トイレ、テレビ、冷蔵庫、タオル、浴衣、歯ブラシ、シャンプー、リンスなど

風呂●大浴場・露天風呂・サウナ
入浴／10：30〜21：30（最終受付21：00）
設備・備品／シャンプー、リンス、ボディーソープ、ドライヤーなど

設備・サービス
Wi-Fi▶館内可能
一人旅▶1泊2食14,600円〜
バリアフリー▶館内一部対応
その他▶レストラン、売店など

多彩な浴室を完備する「ゆ〜ゆ〜ファイブ」

広々とした離れの和室

近畿 兵庫県

ホテル北野プラザ六甲荘
ほてるきたのぷらざろっこうそう

Wi-Fi　バリアフリー　一人旅　CARD

☎078-241-2451　fax:078-241-2497
神戸市中央区北野町1-1-14
予約●電話（6カ月前の1日から）・HP・予約サイト　IN/OUT●15：00／10：00
HP●https://www.rokkoso.com/

異人館街のそばにあるモダンな佇まいのホテル

北野異人館からもすぐで神戸観光に最適

　神戸市中心部の北野異人館がすぐそばにある閑静な住宅街に佇むホテル。神戸観光周遊シティーループのバス停が近く、観光の拠点として便利。レストランでは、気軽なセット料理や御膳、カジュアルな料理を楽しむことができる。朝食は、「たまごかけご飯」に「ひょうご五国」の惣菜を添えた料理が並ぶ。

新幹線・地下鉄新神戸駅より徒歩12分、JR三ノ宮駅、阪急・阪神神戸三宮駅、地下鉄・ポートライナー三宮駅より徒歩約12分
車▶阪神高速神戸線京橋ランプより約2km
P▶30台（1泊1,000円）
送迎▶なし

料理

夕食▶折衷会席（レストラン）
朝食▶和食（レストラン）
子ども▶キッズメニュー

宿泊料金

1泊2食（税・サ込）
大人　　　　　　13,000円〜
小人（小学生）　9,500円〜
※2名1室ベーシックプラン
※土曜、祝前日、GW・夏休み・年末年始などは特別料金

客室●49室(全室バス・トイレ付)
和5室　洋44室
設備・備品／冷蔵庫、テレビ、電話、電気ポット、ドライヤー、加湿機能付空気清浄器など

風呂●全客室に浴室完備
設備・備品／シャンプー、コンディショナー、ボディーソープなど

設備・サービス

Wi-Fi▶ロビー、客室内可能
一人旅▶素泊まり8,000円〜
バリアフリー▶対応客室あり（洋室2室）、館内対応
その他▶チャペル、宴会場、レストラン、娯楽室、売店など

緑豊かなガーデン

レストランに飾られた神戸の風景のモザイク画

丹波市立 丹波悠遊の森
たんばしりつ　たんばゆうゆうのもり

近畿 兵庫県

Wi-Fi　バリアフリー　一人旅

☎0795-72-3285　fax:0795-72-4045
丹波市柏原町大新屋1153-2
予約●HP　IN/OUT●16：00／10：00　火曜休み（夏休み、祝日を除く）
HP●https://tamba-yuyu.com/

木の温もりを感じる広々としたコテージ

緑あふれる森の中でのんびり

コテージとキャンプ場（サイト・バンガロー）があり、昆虫や動物、花や木々など、豊かな自然に触れられる丹波悠遊の森。施設内にはアスレチックなどの遊具はないが、あふれる緑や鳥のさえずりなど、そのままの自然を体感できる。敷地内には七ツ塚古墳群があり、勾玉づくりや火おこしの体験もできる。

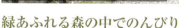

JR福知山線柏原駅より車で約10分
車▶北近畿豊岡自動車道氷上ICより南へ約5km
P▶50台（無料）
送迎▶柏原駅から送迎あり（要予約）

料理
コテージ内で自炊。食材は持ち込み。施設内にレストランあり

宿泊料金
素泊まり
4名利用　20,000円〜
※3歳未満無料

客室●5棟（バス付）
和1室　洋4室
設備・備品／トイレ、キッチン、冷暖房、テレビ、冷蔵庫、電子レンジ、電気ポット、コンロ、調理器具、食器類など

風呂●シャワー
入浴／18：00〜21：00
設備・備品／リンスインシャンプー、ボディーソープ

設備・サービス
Wi-Fi▶コテージ内、キャンプ場で可能
一人旅▶1泊2,500円〜（キャンプ場）
バリアフリー▶対応コテージ2棟（和室1、洋室1）
その他▶レストラン、キャンプ場、森林学習舎

四季折々の自然を体感

近畿 兵庫県

国民宿舎 志んぐ荘
こくみんしゅくしゃ しんぐそう

Wi-Fi　バリアフリー　一人旅　CARD

☎0791-75-0401　fax:0791-75-3301
たつの市新宮町新宮1093
予約●電話・FAX・HP・予約サイト　IN/OUT●16：00／10：00
HP●http://www.shinguso.com/

春には揖保川に沿って桜が咲き誇る

JR姫新線播磨新宮駅より徒歩約15分
車▶（大阪方面）太子竜野バイパス福田ランプより国道179号を北へ約13km　（姫路方面）山陽自動車道龍野ICより国道179号を北へ約9km
P▶170台（無料）
送迎▶播磨新宮駅から送迎あり（要予約）

料理

夕食▶会席料理（レストランまたは個室）
朝食▶和洋食バイキング
子ども▶お子様ランチ、お子様御膳あり

揖保川の清流と山々の緑でリフレッシュ

　揖保川の東岸、小嵐山の山裾に建つ国民宿舎。すぐ近くの東山公園は、春はツツジ、秋は紅葉が美しい。客室は和室が中心で、部屋食も可能。子ども連れでもゆっくりできるのがうれしい。周辺には観光スポットも多く、揖保の糸資料館そうめんの里や、うすくち龍野醤油資料館へは車で10～20分、姫路城へは35分。

宿泊料金
1泊2食（税・サ込）
大人　　　　　10,500円～
小人（3歳～小学生）6,250円～
※GW、お盆、年末年始は割増料金

客室●61室（バス付24室）
和56室　洋5室
設備・備品／トイレ、テレビ、電気ポット、タオル、作務衣、ドライヤー、歯ブラシなど

風呂●大浴場
入浴／11:00～23:00、6:00～9:00
設備・備品／シャンプー、ボディーソープ、ドライヤーなど

明るい大浴場

設備・サービス
Wi-Fi▶館内完備
一人旅▶1泊2食11,600円～
バリアフリー▶対応客室あり（洋ツイン1室）、館内完備
その他▶レストラン、売店、喫茶コーナー、カラオケルームなど

リフレッシュパーク市川

りふれっしゅぱーくいちかわ

Wi-Fi　CARD

☎0790-27-0313　fax:0790-27-0404
神崎郡市川町下牛尾2557-1
予約●電話・HP・予約サイト　IN/OUT●15：00／10：00　火曜休み
HP●https://refresh-park-ichikawa.com/

近畿　兵庫県

山と清流に囲まれたリフレッシュパーク市川

JR播但線甘地駅より車で約20分
車▶播但連絡道路市川南ランプより県道34号経由で約12km
P▶300台（無料）
送迎▶あり（神崎郡内、宿泊者のみ）

家族で楽しめるレジャーパーク

　山に囲まれた自然豊かな宿泊施設。屋外設備も充実し、屋根付きのBBQ場などを完備する。夏にはカブトムシとふれあえる「かぶとむしど〜む」や、「アマゴのつかみどり」が楽しめる。宿泊は「どんぐりころころ館」の和室のほか、1棟貸しのコテージで。コテージ前ではバーベキューもできる。

宿泊料金

1泊2食（税・サ込）

大人	8,600円〜
小人（小学生）	6,450円〜
幼児（未就学児）	4,250円〜

※休前日700円増、7・8月は1,400円増。

キャンプ場は全5サイト（貸テントなし）

客室●11室
和6室　コテージ5棟
設備・備品／トイレ、テレビ、冷蔵庫など。コテージはシャワールーム、キッチンなど

風呂●大浴場
入浴／15：00〜21：00（最終受付20：30）
設備・備品／シャンプー、ボディーソープ、ドライヤーなど

料理

夕食▶会席、串焼き、おまかせ定食、バーベキューなど
朝食▶和朝食
子ども▶子ども会席、お子様ランチあり

設備・サービス

Wi-Fi▶どんぐりころころ館のみ可能
一人旅▶対応なし
その他▶レストラン、売店、囲炉裏コーナーなど

串焼きが楽しめる囲炉裏コーナー

フォレストステーション波賀

ふぉれすとすてーしょんはが

近畿 / 兵庫県

Wi-Fi / バリアフリー / 一人旅 / CARD

☎0790-75-2717　fax:0790-75-2757
宍粟市波賀町上野1799-6
予約●電話・HP　IN/OUT●15：00／10：00
HP●https://www.foreststation-haga.jp/

敷地内にはコテージ村やオートキャンプ場も完備

JR姫路駅北口より神姫バスで約60分、山崎停留所より原・皆木行きで谷橋下車、車で10分
車▶中国自動車道山崎ICより北へ約23km
P▶80台（無料）
送迎▶谷橋バス停から送迎あり（要予約）

季節の自然に触れてリラックス

　東山の中腹にある100万坪の広大な森の中に、宿泊施設の東山温泉メイプルプラザをはじめ、東山温泉「ラドンの湯」、コテージ村などを備えるリゾート施設。温泉は浴用のほか、飲用としても効果があり、販売もしている。遊歩道や芝生広場のほか、夏は沢あそびやあまごつかみなど、四季折々に自然とふれあえる。

料理

夕食▶地元食材の会席料理
朝食▶和食
子ども▶お子様ランチ、お子様定食

宿泊料金

1泊2食（税・サ込）
大人　　　　　　　　10,700円〜
小人（3歳〜小学生）　6,000円〜

客室● 16室（全室バス・トイレ付）
和10室　洋2室　他4室
設備・備品／テレビ、冷蔵庫、タオル、浴衣、歯ブラシ、カミソリなど

風呂● 大浴場・露天風呂・サウナ
入浴／15：00〜23：00、6：00〜8：00
設備・備品／シャンプー、リンス、ボディーソープ、ドライヤーなど

設備・サービス

Wi-Fi▶館内完備
一人旅▶宿泊プランあり
バリアフリー▶対応客室あり（洋1室）、館内完備
その他▶レストラン、喫茶、売店、バーベキューテラス、宴会場など

飲用もできるラドン泉

周辺は紅葉も美しい

ホテル シルク温泉 やまびこ
ほてる しるくおんせん やまびこ

`温泉` `Wi-Fi` `バリアフリー` `一人旅` `CARD`

☎0796-54-0141　fax:0796-54-0848
豊岡市正法寺165

予約●電話・HP・予約サイト　IN/OUT●15：00／10：00
HP●http://www.silk-yamabiko.co.jp/

近畿　兵庫県

四季折々の自然が楽しめる露天風呂「山の湯」

JR山陰本線八鹿・江原・豊岡駅よりバス3台乗り継ぎ約55分（バスの待ち時間除く）、正法寺下車、徒歩約5分
車▶（大阪方面）舞鶴若狭自動車道福知山ICより約35km（姫路方面）播但連絡道路和田山JCTより北近畿豊岡自動車道経由で約35km
P▶140台（無料）
送迎▶福知山駅から送迎あり（1日1便、要予約）

いなか町が育む関西屈指の「美人湯」

のどかな田園風景が広がる温泉宿。人気の温泉はとろりとした泉質が特徴で、クレンジングと保湿の両効果を備える。露天風呂や打たせ湯、寝湯などがそろう「シルク温泉」で、朝夕ゆっくり。食事は但東町ならではの特別なお米や野菜を使った会席料理を堪能。朝食では、行列ができるお店「但熊」の「たまごかけご飯」が味わえる。

宿泊料金
1泊2食（税・サ込）
大人　14,580円〜
小人（5歳〜小学生）7,260円〜

客室●20室（バス付3室）
和13室　洋7室
設備・備品／トイレ、テレビ、冷蔵庫、電気ポット、タオル、歯ブラシ、カミソリ、浴衣など

風呂●大浴場・露天風呂・サウナ
入浴／6：00〜23：00
設備・備品／シャンプー、リンス、ボディーソープ、ドライヤー、ベビーベッドなど

料理

夕食▶但東町のお米と野菜、但馬牛を使った料理が人気。冬はカニ料理を提供
朝食▶和定食
子ども▶子ども向けの夕食1,210円〜、朝食1,100円

設備・サービス
Wi-Fi▶館内完備
一人旅▶1泊2食15,680円〜
バリアフリー▶対応客室あり（洋1室）、館内完備
その他▶レストラン、売店、電気自動車充電サービス

純和風の中庭

休暇村 竹野海岸
きゅうかむら たけのかいがん

近畿／兵庫県

`温泉` `Wi-Fi` `バリアフリー` `一人旅` `CARD`

☎0796-47-1511　fax:0796-47-1512
豊岡市竹野町竹野
予約●電話（6カ月前の同日10:00〜）・HP・予約サイト　IN/OUT●15：00／10：00
HP●https://www.qkamura.or.jp/takeno/

子どもから大人まで参加できる「ふれあいプログラム」も実施

JR山陰本線竹野駅より車で約5分
車▶北近畿豊岡自動車道但馬空港ICより県道50・242号、国道178号、県道1号経由で約26km
P▶100台（無料）
送迎▶竹野駅から送迎あり（要予約）

近隣の漁港直送の日本海の幸を堪能

　海抜70mの丘の上に建ち、日本海を一望。天然温泉「漁火の湯」の露天風呂から兵庫県最北端の猫崎半島が望め、夏から秋の夜には幻想的な漁火を見ることができる。敷地内にはビーチやテニスコートなどを完備。GWや夏休みはビュッフェが楽しめるほか、鬼えび、白イカ、香住がに、松葉がになど、四季の味覚を味わえる。

宿泊料金

1泊2食（税・サ込）
大人	17,000円〜
小人（小学生）	8,000円
幼児（4歳以上）	4,000円

※土曜、年末年始、GW、夏休みは2,200〜3,300円増。入湯税150円（大人のみ）

客室●48室（バス付3室）
和37室　洋11室
設備・備品▶トイレ、テレビ、冷蔵庫、電気ポット、金庫、タオル、浴衣、歯ブラシ、ドライヤー、ハンドソープなど

風呂●大浴場・露天風呂・サウナ
入浴／5：00〜24：00（季節により変動あり）
設備・備品▶シャンプー、リンス、ボディーソープ、ドライヤーなど

天然温泉「漁火の湯」大浴場

料理

夕食▶会席料理。GW、夏休みなどは期間限定でビュッフェ。会席は夏は白イカ、秋は香住がに、冬は松葉がになど季節ごとのメニューあり
朝食▶和洋ビュッフェ
子ども▶お子様定食、お子様ランチなどあり

設備・サービス
Wi-Fi▶館内完備
一人旅▶1泊2食20,000円〜
バリアフリー▶対応客室あり（洋トリプル1室）、1階ロビーなど館内一部対応
その他▶レストラン、売店、喫茶、など

冬は松葉がに料理を堪能

日本夕陽百選の宿 夕凪の丘
にほんゆうひひゃくせんのやど ゆうなぎのおか

近畿 兵庫県

| Wi-Fi | バリアフリー | 一人旅 | ペット | CARD |

☎ 0796-36-3553　fax:0796-36-3458
美方郡香美町香住区境548
予約●HP・予約サイト　IN/OUT▶15：00／10：00
HP●https://imagoura.com

自然が織りなす風景に癒される

JR山陰本線香住駅より車で約10分
車▶北近畿豊岡自動車道但馬空港ICより県道713・国道178号経由で約35km
P▶17台（無料）
送迎▶香住駅から送迎あり（要予約）

料理

夕食▶レストランで地元山海の旬の食材がメインの料理
朝食▶和定食
子ども▶お子様ランチあり

日本海の大パノラマが広がる絶景の宿

　山陰海岸沿いの小高い丘に建つ、「日本の夕陽百選の宿」に認定された宿。自然とふれあえる今子浦ファミリーパークの敷地内にあり、丘の上にはグラウンドやテニスコート、丘の下には海水浴場やキャンプ場を完備する。隣接する香住と柴山の2大漁港で水揚げされた新鮮な魚介類とともに、地元の名酒「香住鶴」が堪能できる。

宿泊料金
1泊2食（税・サ込）

大人	13,500円〜
小人（小学生）	9,450円〜
幼児（小学生未満）	6,000円〜

磯遊びも楽しめる今子浦海岸

客室●15室（バス・トイレ付4室、トイレ付7室）和13室　洋2室
設備・備品／テレビ、冷蔵庫、電気ポット、金庫、タオル、浴衣、歯ブラシなど

風呂●大浴場
入浴／15：00〜24：00、6：00〜9：00
設備・備品／シャンプー、ボディーソープ、カミソリ、ドライヤーなど

設備・サービス
Wi-Fi▶館内完備
一人旅▶1泊朝食付7,100円〜、素泊まり6,000円〜（時期により可能）
バリアフリー▶館内一部対応
ペット▶一部客室対応
その他▶レストラン、おみやげ処、コンベンションホールなど

近畿 / 兵庫県

交流センター まきばの宿
こうりゅうせんたー まきばのやど

Wi-Fi バリアフリー CARD

☎0796-92-1005　fax:0796-92-1006
美方郡新温泉町丹土1033
予約●電話・HP　IN/OUT●15：00／10：00
HP●https://www.bokujyo.com

初夏は爽やかな緑、冬は雪景色が楽しめる。

大阪・神戸より高速バス（全但バス）で約180〜200分、湯村温泉下車、車で約10分（タクシー要予約）
車▶北近畿豊岡自動車道八鹿氷ノ山ICより国道9号経由で湯村温泉方面へ約46km
P▶200台（無料）
送迎▶なし

広大な公園で自然や動物に親しむ

但馬牛のPRなどを目的として作られた但馬牧場公園内にある宿泊施設。広大な公園内のファームビレッジエリアにあり、但馬牛博物館や動物ふれあい広場などが隣接。夏から秋は但馬牛の放牧風景が見られ、冬はスキーが楽しめる。食事は自慢の但馬牛をすき焼きやステーキで堪能。バーベキューも人気がある。

料理

夕食▶但馬牛のしゃぶしゃぶ、バーベキュー、季節の会席料理など
朝食▶和食
子ども▶お子様ランチあり

宿泊料金

1泊2食（税・サ込）
大人　　　　　　　12,600円〜
小人（小学生）　　10,080円〜
※5歳以下無料

客室●12室（バス付1室）
和11室　洋1室
設備・備品／トイレ、テレビ、タオル、浴衣、歯ブラシなど

風呂●大浴場
入浴／15：00〜22：30、6：30〜9：00
設備・備品／シャンプー、リンス、ボディーソープ、ドライヤーなど

設備・サービス
Wi-Fi▶館内完備
一人旅▶対応なし
バリアフリー▶館内一部対応
その他▶レストラン、喫茶コーナー、売店・おみやげ処など

四季折々に美しい愛宕山山頂の花園

白河院
しらかわいん

`Wi-Fi` `一人旅` `CARD`

☎075-761-0201　fax:075-751-1798
京都市左京区岡崎法勝寺町16

予約●電話・HP・予約サイト　IN/OUT●15：30／10：00
HP● https://www.pmac.shigaku.go.jp/annai/fukushi/yado/kyoto/index.html

近畿　京都府

美しい庭園は京都市指定名勝

閑静で雅なひとときを過ごせる宿

　京都市の名勝に指定されている日本庭園、名建築家・武田五一設計の数寄屋造りの別館を有する、京都らしい和風旅館。琵琶湖疏水から水を引き入れ、東山を借景にした池泉回遊式の名庭は、四季折々の古都の風情を満喫できる。京の職人技を堪能できる伝統の京料理も評判。

JR京都駅より市バスターミナルA-1乗り場、市バス5番銀閣寺・岩倉行きで約35分（阪急京都河原町駅・京阪三条駅経由）、岡崎法勝寺町下車すぐ
車▶名神高速道路京都東ICより府道143号経由で約5.5km
P▶8台（無料）
送迎▶なし

料　理

夕食▶お食事処で季節感をいかした本格的な京会席料理
朝食▶お食事処で和定食
子ども▶子ども向け料理あり
※アレルギー対応可（要相談）

宿泊料金
1泊2食（税・サ込）
大人　　　　　　16,200円～
小人（3歳～小学生）8,700円
※繁忙期、年末年始などは、要問い合わせ

客室●17室（バス付6室）
和14室　洋3室
設備・備品／トイレ、テレビ、冷蔵庫、電気ポット、タオル、浴衣、血圧計など

風呂●大浴場
※檜風呂と岩風呂が男女日替わり
入浴／15：30～翌9：30
設備・備品／シャンプー、コンディショナー、ボディーソープ、ドライヤーなど

設備・サービス
Wi-Fi▶館内完備
一人旅▶1泊2食16,200円～
その他▶茶室、喫茶、売店、宴会場（会議室）、自動販売機、レンタサイクル（無料）、など階段昇降機あり、盲導犬受け入れ可

宴会場

白河院大門

近畿 京都府

花のいえ
はなのいえ

Wi-Fi バリアフリー 一人旅 CARD

☎ 075-861-1545　fax:075-882-0371
京都市右京区嵯峨天龍寺角倉町9
予約●電話（半年前の1日～・9:00～21:00）HP・予約サイト　IN/OUT●16:00／10:00
HP● https://hananoie.gr.jp/

雰囲気のある唐門に迎えられる

JR山陰本線嵯峨嵐山駅南口より徒歩約7分
車▶名神高速道路京都南ICより嵐山方面へ約12km
P▶10台（無料）
送迎▶なし

京の風情とおもてなしを堪能

京都嵐山の渡月橋にほど近く、嵯峨野・嵐山散策にとても便利な風情あふれる和の宿。江戸時代の豪商・角倉了以邸宅跡地にあり、小堀遠州作と伝わる枯山水の庭園を有している。「いえ」に帰ったような、京のおもてなしとやすらぎを体感できることでも知られ、旬の食材を使った京料理もリーズナブルに満喫できる。

宿泊料金

1泊2食（税・サ込）
大人　　　　　　14,157円～
小人（小学生）　　7,199円～
※幼児（未就学児）は寝具不要の場合無料、食事は別途。休前日大人1,210円増、小人605円増。京都市宿泊税別途

客室●21室（バス付1室）
和19室　洋1室　和洋1室
設備・備品／トイレ、テレビ、冷蔵庫、電気ポット、空気清浄機、タオル、浴衣、歯ブラシなど

風呂●大浴場
石の湯・木の湯（男女入れ替え制）
入浴／16:00～24:00、6:00～9:00
設備・備品／シャンプー、コンディショナー、ボディーソープ、ドライヤー、ベビーベッドなど

料理

夕食▶会席料理、鍋料理各種ほか（基本的に部屋食）。写真は、はもしゃぶコース（6～8月）
朝食▶ごてんの間で和定食
子ども▶お子様ランチ、こども会席あり

設備・サービス

Wi-Fi▶館内完備
一人旅▶追加料金1,210円～
バリアフリー▶館内一部対応
その他▶喫茶コーナー（8:00～16:00）、売店、宴会場など

石の湯

木の湯

丹後温泉 はしうど荘
たんごおんせん はしうどそう

| 温泉 | Wi-Fi | バリアフリー | 一人旅 | CARD |

☎0772-75-2212　fax:0772-75-0488
京丹後市丹後町間人632-1

予約●電話・HP・予約サイト　IN/OUT●15：00／10：00　火曜休み
HP●https://www.hashiudosou.com/

日本海を望む和室と、ビジネスホテルタイプの洋室の客室がある

近畿
京都府

京都丹後鉄道網野駅より丹海バス経ヶ岬方面行きで約30分、丹後庁舎前下車すぐ
車▶山陰近畿自動車道京丹後大宮ICより府道53号・国道482号経由で約23km
P▶20台（無料）
送迎▶網野駅から送迎あり（要予約）

立岩を望むパワースポット温泉

京丹後の海にそそり立つ名勝「立岩」は、日本では珍しい巨大な柱状玄武岩の自然岩。病気や怪我に効能がある療養泉「立岩の湯」の露天風呂からも、日本海にそびえる雄大な立岩が見えて迫力満点。丹後の中でも格別のおいしさと評判の、間人の種類豊富な海の幸も至高の技で楽しめる。冬は蟹のコースも人気。

料理

夕食▶間人ならではの新鮮な魚介類を盛り込んだ会席料理
朝食▶炭火で焼いた熱々の干物が味わえる
子ども▶お子さまランチ、松花堂弁当などあり

宿泊料金
1泊2食（税・サ込）
大人　　　　　　　12,000円〜
小人（4〜12歳）　　6,050円〜
※幼児（3歳）は施設利用料1,100円。休前日1,100円増、繁忙期は約3,300円増

設備・サービス
Wi-Fi▶館内完備
一人旅▶1泊2食11,550円〜
バリアフリー▶対応客室あり（和2室、各10畳）
その他▶レストラン、売店、宴会場、マッサージチェアなど

客室●11室（バス付2室）
和9室　洋2室
設備・備品／トイレ、テレビ、冷蔵庫、電気ポット、タオル、歯ブラシ、カミソリ、浴衣など

風呂●大浴場・露天風呂・サウナ
入浴／15：00〜22：00、6：00〜8：00
設備・備品／シャンプー、リンス、ボディーソープ、ドライヤーなど

迫力のある立岩

海を望む大浴場

アクトパル宇治
あくとぱるうじ

近畿 京都府

Wi-Fi　バリアフリー　一人旅

☎075-575-3501・予約専用 075-575-3535　fax:075-575-3511
宇治市西笠取辻出川西1
予約●電話（5カ月前～1週間前）　IN/OUT●13：00／9：30　月曜休み（祝日、夏休み期間は営業）
HP●https://www.actpal-uji.com/

宇治市総合野外活動センター「アクトパル」

JR奈良線宇治駅より車で約15分
車▶京滋バイパス笠取ICより北へ約2.5km
P▶200台（無料）
送迎▶なし

宇治の自然を満喫できる

宇治の山と笠取川の自然に包まれた総合野外活動施設。森林浴ができる散策路や川遊びができる川の広場、斜面を利用したアスレチックやグラウンドゴルフ場などがあり、老若男女問わず楽しめる。宿泊棟・管理棟での宿泊のほか、キャンプ場も人気。キャンプ用品の貸し出し、食材の販売もあるので気軽に利用できる。

宿泊料金

素泊まり（税・サ込、シーツ代別）

大人	3,120円
高校生	1,560円
小・中学生	920円
幼児（4歳以上）	740円

客室●31室（トイレ付6室）
和14室 洋16室 山の家（定員10名）
設備・備品／電気ポット・お湯のみセットほか　※森の中に常設テント10張、フリーテントサイトあり

風呂●大浴場
入浴／17：00～21：30
設備・備品／ボディーソープ、ドライヤーなど

料理

夕食▶食堂で17：00～19：30、月替わり夕定食1,100円。冬期限定地元特産鍋メニューあり。炊事棟で食材持ち込みの自炊可。バーベキューやカレーなど野外炊事用食材の販売あり（要予約）。
朝食▶7：30～9：00朝定食・パン朝定食700円（4名～）
昼食▶12：00～13：30食堂で昼定食800円
子ども▶お子様定食650円（4名～）
※定食メニューは前日までに要予約。軽食は予約不要

設備・サービス

Wi-Fi▶管理棟ホールで可能
一人旅▶素泊まり3,120円
バリアフリー▶トイレ、介護浴室あり
その他▶食堂、売店、図書室、キャンプセンター、炊事棟、洗濯室、天体観測室（要予約）、アスレチック施設など

美山町自然文化村 河鹿荘
みやまちょうしぜんぶんかむら かじかそう

`Wi-Fi` `バリアフリー` `一人旅` `CARD`

☎ 0771-77-0014　fax:0771-77-0020
南丹市美山町中下向56

予約● 電話・HP・予約サイト　IN/OUT● 15：00／10：00　不定休
HP● https://www.miyama-kajika.com/

近畿 京都府

清流沿いに建つログハウス風の宿

JR山陰本線日吉駅より南丹市営バスで約60分、知見口下車、徒歩約5分（日祝は美山町自然文化村下車すぐ）
車▶京都縦貫自動車道園部ICより府道19号経由で美山町方面へ約35km
P▶120台（無料）
送迎▶なし

日本の原風景・美山の自然を満喫

　美山の杉材を使用したログハウス調の宿で、自然に包まれてゆったりとした時間を過ごすことができる。地産地消の食材を使った美山ならではの季節の料理も楽しみ。浴室の下に粉炭を敷き詰め、遠赤外線効果で体の芯から温まるこだわりのお風呂が人気。清流・由良川に臨む露天風呂では、自然との一体感が味わえる。

宿泊料金
1泊2食（税・サ込）
大人　　　　　　　11,000円～
小人（4歳～小学生）7,150円～
※幼児（4歳未満）は寝具不要の場合無料、食事は別途。土曜、休前日大人1,100円増、小人550円増。かやぶき民家別館は1,100円増（利用は10～16名）

客室● 和12室　洋10室（シャワー・トイレ付）別館1（トイレ付）
設備・備品／テレビ、電気ポット、タオル、浴衣、歯ブラシなど

風呂● 大浴場・露天風呂
入浴／15：00～22：00、6：30～8：00
設備・備品／シャンプー、リンス、ボディーソープ、ドライヤーなど

料理

夕食▶美山の幸弁当・バーベキュー・豚しゃぶ・京地鶏すき焼き・和のジビエ・和会席・ぼたん鍋・鮎会席などのプランあり
朝食▶和定食、モーニングBOX
子ども▶お子様ディナーあり（4歳～小学生）

設備・サービス
Wi-Fi▶館内完備
一人旅▶追加料金1,100円
バリアフリー▶スロープ（1階）、ユニバーサルトイレあり。2階洋室のみエレベーターあり
その他▶レストラン、売店、レンタサイクル（有料）、キャンプ場など

京都大呂ガーデンテラス

きょうとおおろがーでんてらす

近畿 / 京都府

Wi-Fi　バリアフリー　一人旅　CARD

☎0773-33-2041　fax:0773-33-3831

福知山市大呂298-5

予約●電話・予約サイト　IN/OUT●16:00～19:00／10:00　火曜休み(7/20～8/31、祝日は営業)

HP●https://oro-gardenterrace.com/

自然に囲まれたおしゃれな客室テラス

奥京都の里山で快適なアウトドアを満喫

　自然の中でBBQや焚き火を楽しみ、夜は快適な部屋でゆっくり過ごしたい人にピッタリ。目の前に広がる森を眺めながら、客室のテラスでゆったりと地元産の食材を楽しむこともできる。小川のせせらぎや鳥の声が響くテラスは、夜はライトアップされて幻想的な雰囲気になる。アウトドアとインドアのいいとこ取りの宿。

京都丹後鉄道宮福線下天津駅より約2.5km、徒歩約40分
車▶舞鶴若狭自動車道福知山ICより約17km、京都縦貫自動車道舞鶴大江ICより約18km
P▶24台（無料）
送迎▶あり（福知山市内のみ）

料理

夕食▶レストランでBBQ（3,300円～）
朝食▶レストランで和朝食（1,000円）
子ども▶BBQはキッズメニュー（1,800円）あり

設備・サービス

Wi-Fi▶宿泊棟内完備
一人旅▶素泊まり9,200円～
バリアフリー▶全室対応
その他▶レストラン、研修室、販売コーナー、グラウンドゴルフ場、キャンプ場など

宿泊料金

1泊2食（税・サ込）

大人　　　　　　　　9,000円～
小人（4歳～小学生）　6,800円
※幼児（3歳以下）無料
※繁忙期、年末年始等は、要問い合わせ

客室 ●5室（バス付3室）
和2室　洋3室

設備・備品／トイレ、テレビ、冷蔵庫、電気ポット、タオルなど

風呂 ●貸切利用の家族風呂2か所あり

入浴／16:00～22:00（最終入室21:30）
設備・備品／リンスインシャンプー、ボディーソープ、ドライヤーなど

客室のテラスでBBQ

大河原温泉かもしか荘

おおかわらおんせんかもしかそう

`温泉` `Wi-Fi` `バリアフリー` `一人旅` `CARD`

☎0748-69-0344　fax:0748-69-0370
甲賀市土山町大河原1104
予約●電話・HP・予約サイト　IN/OUT●15：00／10：00　不定休
HP●https://www.kamoshika-yado.com/

近畿　滋賀県

鈴鹿の四季、野洲川の清流が楽しめる

鈴鹿山麓の四季が美しい幻想郷

滋賀県と三重県の県境付近、鈴鹿の大自然に囲まれた山間の秘湯、大河原温泉。日々の喧騒を忘れられる、眺めのよい10室限定のくつろぎの宿で、静かな時間が過ごせる。四季を感じられる温泉で癒され、シェフが腕をふるう地産地消にこだわった新鮮食材を使う創作コース料理を楽しみたい。

宿泊料金
1泊2食（税・サ込）（1室4名利用時）
大人	17,450円
小人（小学生）	12,215円
幼児（未就学児）	6,878円

※入湯税150円（大人のみ）

四季を感じる露天風呂

客室●10室（全室バス・トイレ付）
和4室　和洋6室
設備・備品／テレビ、冷蔵庫、電気ポット、加湿器、タオル、浴衣、アメニティグッズなど

風呂●大浴場・露天風呂
入浴／15：00〜23：00、6：00〜9：00
設備・備品／シャンプー、コンディショナー、ボディーソープ、ドライヤーなど

JR草津線貴生川駅より路線バスで約60分、若宮神社下車すぐ
車▶新名神高速道路甲賀土山ICより県道9号経由約15km
P▶72台（無料）
送迎▶要予約（2名以上、JR貴生川駅まで）

料理

創作コース料理

夕食▶レストランで創作コース料理
朝食▶レストランで和膳
子ども▶お子様専用コースあり

設備・サービス
Wi-Fi▶館内完備
一人旅▶1泊2食22,950円
バリアフリー▶バリアフリー対応ルーム1室あり
その他▶レストラン、ラウンジ、売店、自動販売機コーナー、光の庭園など

夜のかもしか荘

国民宿舎 ビューロッジ琵琶
こくみんしゅくしゃ びゅーろっじびわ

近畿 滋賀県

`Wi-Fi` `一人旅`

☎077-572-1317　fax:077-572-3370
大津市今堅田3-24-7
予約●電話・FAX・HP・予約サイト　IN/OUT●16：00／10：00　不定休
HP●https://vl-biwa.com/

サイクリストのビワイチリピーターも多数

JR湖西線堅田駅より車で約5分
車▶名神高速道路栗東ICより約20km。京都東ICより約30km
P▶40台（無料）※夏期は有料時間帯あり
送迎▶なし

雄大な琵琶湖が目の前！

琵琶湖畔に建つビューロッジ琵琶は、すぐ前が遠浅のビーチで湖水浴にぴったり。季節や時間によって変わる琵琶湖の風景も存分に堪能できる。地産地消と季節を意識した手作りの料理が人気。夏は波の音を聞きながらテラスでバーベキューも楽しめる。美肌・美髪・保温効果のある軟水風呂は、アトピーや敏感肌の人にも好評。

料理

夕食▶食事処で淡海地鶏のすきやき、湖畔BBQ、近江牛のすき焼き・しゃぶしゃぶなど
朝食▶手作りの和食（焼き鮭、焼き海苔、だし巻卵、青菜胡麻和え、切干大根、手前味噌のお味噌汁など）
子ども▶お子様ランチ（夕食のみ）

設備・サービス

Wi-Fi▶館内完備
一人旅▶条件により対応あり
その他▶卓球室、洗濯機、乾燥機、電子レンジなど

宿泊料金

1泊2食（税・サ込）
大人	10,800円～
小人（小学生）	9,300円～
幼児（2歳以上）	2,800円～

※土曜、休前日1,000円増～、連休などは料金アップあり

客室●18室（バス・トイレ付2室）
和16室　洋2室
設備・備品／テレビ、保冷庫、電気ポット、タオル、浴衣、歯ブラシなど

風呂●大浴場
入浴／夏期16：00～23：00、冬期17：00～22：00
設備・備品／シャンプー、コンディショナー、ボディーソープ、ドライヤーなど

木のぬくもりを感じるロビー

グリーンパーク山東 鴨池荘
ぐりーんぱーくさんとう かもいけそう

近畿 滋賀県

[Wi-Fi] [バリアフリー] [一人旅] [CARD]

☎ 0749-55-3751　fax:0749-55-3785
米原市池下80-1

予約● 電話・HP・予約サイト・フロント　IN/OUT● 15：00／10：00
HP● https://greenpark-santo.com/

自然に囲まれた純日本風の鴨池荘

JR東海道本線近江長岡駅より湖国バスで約10分、グリーンパーク山東下車すぐ
車▶ 名神高速道路米原ICより国道21号経由で北東へ約10km
P▶ 300台（無料）
送迎▶ 近江長岡駅から送迎あり（要予約）

伊吹山を一望できるロケーション

　雄大な伊吹山を背景に、鴨が泳ぐ三島池ののどかな風景が広がるグリーンパーク山東では、自然の中で楽しめるアウトドアメニューが充実。リーズナブルに利用できる和風旅館・鴨池荘では、露天風呂やサウナを備えた軟水風呂、四季折々の地元食材を使った料理が自慢だ。特に、黒毛和牛ステーキコースが人気。

料理

夕食▶ 黒毛和牛ステーキコース4,400円、季節の御膳3,300円、日替わり御膳1,650円など
朝食▶ 和定食（大人・お子様）
子ども▶ お子様ランチプレート

宿泊料金

1泊2食・1室3〜5名の1人あたり（税・サ込）
大人	7,700円〜
小人（小学生）	6,600円〜

幼児（未就学児）は1,100円〜（布団あり：2,200円・布団あり食事込：4,400円）
※1室あたりの人数、曜日により異なる

客室● 7室（バス・トイレ付2室）
和7室
設備・備品／冷蔵庫、電気ポット、タオル、浴衣、ドライヤー、歯ブラシなど

風呂● 大浴場・露天風呂・サウナ
入浴／15：00〜23：00、6：00〜9：00（休日は13：00〜）、朝はサウナなし
設備・備品／シャンプー、コンディショナー、ボディーソープ、ドライヤーなど

設備・サービス

Wi-Fi▶ 全客室、1階ロビー、レストランで使用可能
一人旅▶ 1泊2食8,800円〜
バリアフリー▶ 一部対応
その他▶ レストラン、売店、キャンプ場、フォレストアドベンチャー・米原、テニスコートなど

ウッディパル余呉

うっでぃぱるよご

`CARD`

☎0749-86-4145　fax:0749-86-4545

長浜市余呉町中之郷260

予約●電話・HP・予約サイト　IN/OUT●16：00／10：00

HP●https://woodypal.jp/

木立ちの中に6人用と12人用2種類のコテージが

JR北陸本線木ノ本駅より路線バス洞寿院行きで約20分、ウッディパル下車すぐ
車▶北陸自動車道木之本ICより国道365号経由で約6km
P▶300台（無料）
送迎▶余呉駅から送迎あり（要予約）

料理

夕食▶BBQ各種、鍋料理（11〜3月のみ）、※ともに3日前までに要予約
朝食▶和定食・キッズ朝食・ホットドッグ・サンドイッチセットなど　※3日前までに要予約

森の中に建つログコテージ

　天に向かってまっすぐに伸びる杉木立ちの中に、丸太造りのコテージが点在。全コテージ冷暖房完備で、バス・トイレ付き。室内にはロフト型ベッドがあり、木のぬくもりあふれる造りになっている。コテージ横には簡易屋根付きのバーベキュー炉が設置されていて、食材を持ち込んで自炊もOK。炊事・調理用品の貸し出しあり。

宿泊料金

1泊素泊まり（税・サ込）

6人用（平日）	19,250円

※ハイシーズン22,000円、トップシーズン24,750円

12名用（平日）	31,900円

※ハイシーズン36,850円、トップシーズン40,700円

客室●コテージ（6名用）7棟（12名用）4棟（全棟バス・トイレ付）

設備・備品／布団（コテージ定員分）、冷蔵庫、電気ポット、台所洗剤など

風呂●コテージに浴室あり
備品／シャンプー、コンディショナー、ボディーソープ

設備・サービス

Wi-Fi▶なし
一人旅▶フリーサイト（テント泊）で可能
その他▶レストラン、売店、キャンプ場、アスレチック、テニスコート、子どもミュージアムなど

アスレチック

キャンプサイト（フリーサイト）

グリーンパーク想い出の森 山荘くつき
ぐりーんぱーくおもいでのもり さんそうくつき

| 温泉 | Wi-Fi | 一人旅 | CARD |

☎0740-38-2770　fax:0740-38-2785
高島市朽木柏341-3

予約●電話・予約サイト　IN/OUT●15:30／10:00　第2火曜休み(8・9月は無休、10～3月は毎週火曜休み)
HP● https://gp-kutsuki.com/

近畿　滋賀県

JR湖西線安曇川駅より江若バス朽木線で約35分、朽木学校前下車、シャトルバスで約5分
車▶湖西道路真野ICより国道477・367号、市道柏線経由で約30km
P▶20台(無料)
送迎▶道の駅くつき新本陣から無料シャトルバスあり(要予約)

天然温泉・温水プールが魅力

天然温泉と温水プールに隣接

　朽木の山々を眺めながら入る露天風呂「てんぐの湯」は、天狗の口の中であたたまる名物風呂。土日・祝日限定で、石の湯・木の湯も楽しめる。温水プールをはじめ、子どもたちに人気の丸太遊具、テニスコートやグラウンドゴルフなど充実のスポーツ施設に隣接。人気の蛇谷ヶ峰登山などもでき、存分に自然とふれあえる。

料理

夕食▶お食事処「天空」で和食会席またはバーベキュー。写真はレギュラーバーベキュー
朝食▶お食事処「天空」で和定食
子ども▶子ども食あり

宿泊料金
1泊2食(税・サ込)
大人	9,900円～
小人(小学生)	6,750円～
幼児(未就学児)	4,750円～

※上記は3名1室の1名料金。入湯税150円(大人のみ)

客室● 12室(全室バス・トイレ付)
和7室　洋5室
設備・備品／テレビ、冷蔵庫、電気ポット、タオル、浴衣、歯ブラシなど

風呂● 大浴場・露天風呂・サウナ
入浴／10:00～21:00(受付終了20:30)
設備・備品／シャンプー、コンディショナー、ボディーソープ、ドライヤーなど

設備・サービス
Wi-Fi▶館内完備
一人旅▶1泊2食12,400円～
その他▶レストラン、喫茶、アイスショップ、売店、キャンプ場、バンガロー、体育館など

人気の天狗風呂

山荘ツインルーム

己高庵
ここうあん

近畿 滋賀県

`Wi-Fi` `バリアフリー` `一人旅` `CARD`

☎0749-82-6020　fax:0749-82-6021
長浜市木之本町古橋1094
予約●電話・FAX・HP・メール・予約サイト　IN/OUT●15：00／10：00　不定休
HP●http://www.kokouan.net/

観音様巡りや里山散策にでかけたい

JR北陸本線木ノ本駅より車で約15分
車▶北陸自動車道木之本ICより約6km
P▶30台（無料）
送迎▶木ノ本駅から送迎あり（要予約）

味わい深い湖北山里の宿

　観音の里といわれる北近江の山里にひっそり佇む一棟宿。独立した造りの離れ家風和室の客室で、日常から離れた静かな時を過ごせる。湖北に点在する石田三成や羽柴秀吉ゆかりの地など、歴史巡りに便利。地場栽培・採取の薬草を使った「薬草風呂」、季節の食材を使った「季節の会席」が人気。要予約で茶室も利用できる。

料理

夕食▶近江牛と地場産「こだがみ茶」のお茶しゃぶしゃぶ会席など　※冬はボタン鍋、鴨鍋も用意可
朝食▶和食膳
子ども▶お子様ランチ、小人会席

宿泊料金
1泊2食（税・サ込）
大人　　　　　　　16,500円～
小人（小学生）　　11,550円～
幼児（未就学児）　 8,250円～
※土曜、休前日、GW、夏休み、年末年始は異なる

客室●12室(全室バス・トイレ付)
和8室　洋4室
設備・備品／テレビ、冷蔵庫、電気ポット、タオル、ドライヤー、浴衣、歯ブラシなど

設備・サービス
Wi-Fi▶ロビー、一部客室で可能
一人旅▶1泊2食21,450円～（平日のみ）
バリアフリー▶館内一部対応
その他▶レストラン、売店、茶室、宴会場など

風呂●大浴場・露天風呂
入浴／15：00～23：00、6：00～9：00
設備・備品／シャンプー、コンディショナー、ボディーソープ、ドライヤーなど

里山の風を感じる露天風呂

休暇村 近江八幡

きゅうかむら おうみはちまん

温泉　Wi-Fi　バリアフリー　一人旅　CARD

☎0748-32-3138　fax:0748-32-8650
近江八幡市沖島町宮ケ浜

予約●電話（6カ月前の同日10:00～20:00）・HP・予約サイト　IN/OUT●15:00／10:00
HP●https://www.qkamura.or.jp/ohmi/

近畿　滋賀県

高台から琵琶湖を見下ろす東館と浜辺の西館

JR琵琶湖線近江八幡駅北口より近江鉄道バス休暇村行き（平日のみ）で約43分、終点下車すぐ
車▶名神高速道路竜王ICより国道8号・県道26・25号経由で約23km
P▶500台（無料）
送迎▶近江八幡駅から送迎あり（15:15、16:45、18:00、要予約）

琵琶湖を眺めながらの温泉は格別

　全室琵琶湖ビューの客室からは、沖島や対岸の高島まで見渡せ、四季折々に美しい琵琶湖の風景が楽しめる。ぽかぽか感が持続する天然温泉・宮ケ浜の湯に癒され、特選ブランド牛の近江牛をはじめ、湖国の食材を使用した会席を堪能できる。プールや湖水浴、カヌー、沖島へのクルージングなど琵琶湖でのレジャーも楽しめる。

料理

夕食▶「近江牛会席極（きわみ）」「近江牛ディナービュッフェ」
朝食▶ビュッフェ
子ども▶お子様用あり

宿泊料金

1泊2食（税・サ込）
大人　　　　　　15,000円～
小人（小学生）　 8,000円～
幼児（4歳以上）　4,000円～
※入湯税150円（大人のみ）

客室●95室（バス付18室）
和73室　和ツイン13室　洋9室
設備・備品／トイレ、保冷庫、電気ポット、タオル、浴衣、ドライヤー、歯ブラシなど

風呂●大浴場・露天風呂・サウナ
入浴／15:00～24:00、5:00～9:00
設備・備品／シャンプー、コンディショナー、ボディーソープ、ドライヤーなど

設備・サービス

Wi-Fi▶館内完備
一人旅▶1泊2食18,000円～
バリアフリー▶館内一部対応
その他▶レストラン、喫茶、売店、きっずコーナー、コインランドリー、プールなど

すべての客室がレイクビュー

絶景の露天風呂

近畿 奈良県

十津川温泉 ホテル昴
とつかわおんせん ほてるすばる

温泉 | Wi-Fi | バリアフリー | 一人旅 | ペット | CARD

☎0746-64-1111　fax:0746-64-1122
吉野郡十津川村平谷909-4
予約●電話・HP・予約サイト　IN/OUT●15：00／10：00
HP▶https://www.hotel-subaru.jp/

自然の息吹に心洗われる静かな空間

近鉄大和八木駅より奈良交通バスで約240分、ホテル昴下車すぐ、JR新宮駅より奈良交通バスで約150分、ホテル昴下車すぐ
車▶南阪奈道路葛城ICより約100km、西名阪自動車道郡山ICより約115km
P▶80台（無料）
送迎▶十津川温泉バス停から送迎あり（要予約）

源泉100%掛け流しの天然温泉を満喫

　十津川温泉は日本初の「源泉掛け流し宣言」を行った温泉地で、正真正銘の良質な温泉が自慢。加温・加水なしも特長で、露天風呂はもちろん、打たせ湯、寝湯、陶器風呂、檜風呂など、さまざまなタイプのお湯を楽しめる。めはり寿司や茶粥、むこだましなど、この宿ならではの郷土料理が味わえるのも魅力のひとつ。

料理

夕食▶十津川の伝統的な郷土料理をベースに、山菜や川の幸、を中心とした会席料理
朝食▶十津川番茶を使用した「茶がゆ」が付いた和朝食
子ども▶大人の料理に近い形の子ども用など

宿泊料金

1泊2食（税・サ込）

大人　　　　　　　　　　16,500円～
小人（小学校高学年）　　11,550円～
幼児（4歳～小学校低学年）8,250円～
※休前日、GW、正月5,000～7,000円増

客室●24室（バス付1室）
和21室　洋2室　特別1室
設備・備品／トイレ、テレビ、冷蔵庫、電気ポット、タオル、浴衣など。カミソリ、くしなどはフロント渡し

風呂●大浴場・露天風呂・サウナ
入浴／12：00～23：00、6：00～9：00
設備・備品／シャンプー、コンディショナー、ボディーソープ、ドライヤーなど

天然温泉を満喫できる屋内大浴場

設備・サービス

Wi-Fi▶ロビー、客室内可能
一人旅▶1泊2食25,300円～
バリアフリー▶対応客室あり（洋1室）、温泉も対応
その他▶レストラン、ラウンジ、宴会場、多目的ホール、売店、ペットハウス、足湯など。ペットはペットハウスでの預かりあり

国民宿舎 葛城高原ロッジ
こくみんしゅくしゃ かつらぎこうげんろっじ

Wi-Fi　一人旅　CARD

☎0745-62-5083　fax:0745-62-5183
御所市櫛羅2569
予約●電話・FAX・HP　IN/OUT●16：00／10：00
HP●http://www.katsuragikogen.co.jp/

近畿　奈良県

葛城山頂までも徒歩ですぐ

近鉄御所線御所駅より奈良交通バス葛城ロープウェイ前行きで約19分、終点下車、葛城山ロープウェイに乗り換え、登山口駅より約6分、山上駅下車、徒歩約15分
車▶南阪奈道路葛城ICより県道30・213号経由で約7km
P▶500台（御所市観光協会駐車場を利用・1回1,000円）
送迎▶なし

葛城高原で四季折々の表情を堪能

　約6分間のロープウェイによる空中散歩で豊かな自然を満喫できる葛城高原。山頂からは、金剛山と大阪平野を眺望できる。初夏は一面に広がるツツジ、秋は黄金色に輝くススキ、冬は雪景色を楽しめる。ロッジは3階フロントの吉野造りの建物で、1階客室は山小屋風の部屋、2階は和室。地階の麦飯石の風呂も快適だ。

料理

夕食▶鴨鍋、国産豚肉みぞれ鍋、山芋鍋、鴨肉すき焼きなど鍋物メイン。食事は食堂で
朝食▶和定食
子ども▶夕食は「お子様プレート」あり（要予約）

宿泊料金

1泊2食　（税・サ込）

大人	11,000円〜
小人（小学生）	10,000円〜
幼児（3歳以上）	3,000円〜

※幼児は食事実費

客室●17室
和6室　洋11室
設備・備品／テレビ、タオル、浴衣など

風呂●大浴場
入浴／16：00〜翌9：00
設備・備品／シャンプー、コンディショナー、ボディーソープなど

設備・サービス
Wi-Fi▶3階喫茶コーナーで可能
一人旅▶素泊まり6,000円〜
その他▶食堂、喫茶、売店、研修センターなど

大阪平野の夜景も美しい

かくれ里の宿 森の交流館

かくれさとのやど もりのこうりゅうかん

近畿 / 奈良県

温泉 | Wi-Fi | バリアフリー | CARD

☎ 0747-62-2770　fax:0747-62-2772

吉野郡黒滝村粟飯谷1

予約●電話・HP・予約サイト　IN/OUT●15：00〜18：00／10：00
HP●https://morimonogatari.com/morino-kouryukan/

温浴施設「黒滝の湯」が隣接する

森がテーマの山里型リゾート施設

　森のオアシスならではの、木をふんだんに使った宿泊施設。部屋は落ち着いた和室がメイン。名物の猪鍋をはじめ山の幸、川の幸が盛りだくさんの料理も好評で、奈良県産和牛や地鶏のバーベキューにも対応する。日本最長級の大吊橋「黒滝大橋」にも近い。野菜収穫体験やアマゴつかみ取り体験など、豊かな自然を体感できる。

近鉄吉野線下市口駅より車で約20分。または奈良交通バスで約60分、道の駅吉野路黒滝下車、徒歩約10分
車▶ 南阪奈道路葛城ICより約36km
P▶ 50台（無料）
送迎▶ 下市口駅から送迎あり（要予約）

料理

夕食▶ 地元の旬の食材を使った会席
朝食▶ 和食セット
子ども▶ 小学生はミニ会席、幼児はお子様ランチ

宿泊料金

1泊2食（税・サ込）
大人　13,200円〜
※小人（小学生）は大人の70％、幼児（3歳以上）は大人の50％、乳幼児は2,200円（施設使用料として）

客室● 12室
和10室　和洋2室

設備・備品／トイレ、テレビ、冷蔵庫（和洋室のみ）、電気ポット、タオル、くし、ブラシ、浴衣、カミソリなど

風呂● 大浴場

入浴／15：00〜23：00
設備・備品／シャンプー、コンディショナー、ボディーソープ、ドライヤーなど

設備・サービス

Wi-Fi▶ 館内完備
一人旅▶ 対応なし
バリアフリー▶ 車椅子用トイレあり
その他▶ レストラン、喫茶、宴会場、会議室、売店など

館内浴場

湯盛温泉 ホテル杉の湯

ゆもりおんせん ほてるすぎのゆ

|温 泉| Wi-Fi |バリアフリー| 一人旅 | CARD |

☎0746-52-0006　fax:0746-52-0666
吉野郡川上村大字迫695
予約●電話・HP・予約サイト　IN/OUT●15：00／11：00
HP● https://www.suginoyu.com/

近畿　奈良県

道の駅杉の湯川上を併設する

近鉄大和上市駅よりコミュニティバスで約20〜30分、杉の湯下車すぐ
車▶南阪奈道路葛城ICより国道165・169号経由で約39km
P▶53台（無料）
送迎▶大和上市駅から送迎あり（宿泊客限定・要予約）

豊かな自然に包まれ心身ともに温まる温泉宿

　雄大な自然と祈りの歴史に包まれた癒しの温泉ホテル。吉野杉をふんだんに使った上質な部屋作りが自慢。おおたき龍神湖を眺めながら、天然岩の露天風呂を楽しめる「金明の湯」、槙づくりの露天風呂で温まる「銀嶺の湯」のほか、家族風呂もある。千本桜の吉野山や古代ロマンの明日香村へも車で30分圏内とアクセス抜群。

料理

夕食▶季節の素材を生かした京風会席料理。冬期はボタン鍋、寄せ鍋など鍋料理にも対応
朝食▶季節の素材を生かした和朝食
子ども▶お子様ランチ、小人会席など

宿泊料金

1泊2食（税込）
大人　　　　　　15,400円〜
小人（小学生）　10,780円〜
※シーズナリティ料金が別途必要な場合あり

客室● 23室（バス付21室）
和9室　洋7室　和洋3室　展望風呂付特別2室　洋DX2室
設備・備品／トイレ、テレビ、冷蔵庫、電気ポット、タオル、浴衣、歯ブラシなど

風呂● 大浴場・露天風呂・サウナ
入浴／15：00〜24：00、6：00〜9：30
設備・備品／シャンプー、コンディショナー、ボディーソープ、ドライヤーなど

設備・サービス

Wi-Fi▶客室内可能
一人旅▶1泊2食15,400円〜
バリアフリー▶対応客室あり（洋1室）
その他▶レストラン、ラウンジ、宴会場、カラオケルーム、娯楽室など

近畿 奈良県

きなりの郷 下北山スポーツ公園
きなりのさと しもきたやますぽーつこうえん

`温泉` `Wi-Fi` `バリアフリー` `一人旅` `CARD`

☎07468-5-2711　fax:07468-5-2513
吉野郡下北山村上池原1026
予約●電話・HP・予約サイト　IN/OUT●15：00／10：00
HP●https://www.kinarinosato.net/

キャンプ場やテニスコートなどもあるスポーツ公園内

近鉄吉野線大和上市駅より奈良交通バスで約120分、池原下車、徒歩約13分
車▶南阪奈道路葛城ICより約87km、紀勢自動車道尾鷲北ICより約49km
P▶50台（無料）
送迎▶なし

充実の施設でスポーツ合宿にピッタリ

　下北山スポーツ公園は、池原ダム堰堤直下に建てられた施設で、敷地には宿だけでなく、キャンプ場、温泉、スポーツ施設などがある。公共の宿「くすのき」「やすらぎ」は、スポーツ合宿の利用がほとんどだが、一般利用も可能。夕食は、日替わり定食以外にも会席料理や鍋料理（季節限定）などを用意する。

料理
夕食▶日替わり定食
朝食▶和食セット
子ども▶お子様ランチ1,080円〜

宿泊料金
1泊2食（税・サ込）
大人　　　　　　8,250円〜
小人（小学生）　7,700円〜
※幼児（未就学児）は 食事代のみ

宿泊客は隣接の「きなりの湯」が無料に

客室●21室
和17室 洋4室
設備・備品／テレビ、電気ポット、タオル、歯ブラシ、浴衣など

風呂●大浴場・露天風呂・サウナ
入浴／11：00〜21：30、土日・祝日は10：00〜22：00（最終受付は30分前）
設備・備品／シャンプー、コンディショナー、ボディーソープ、ドライヤーなど

設備・サービス
Wi-Fi▶館内完備
一人旅▶1泊2食9,350円〜。素泊まりは5,500円〜
バリアフリー▶館内に車椅子用トイレあり
その他▶レストラン、宴会場、研修室、売店など

キャンプ場にはバンガローやコテージがある

休暇村 南紀勝浦
きゅうかむら なんきかつうら

近畿 和歌山県

温泉 | Wi-Fi | バリアフリー | 一人旅 | CARD

☎0735-54-0126　fax:0735-54-1069
東牟婁郡那智勝浦町宇久井719
予約●電話（6カ月前の同日10：00～）・HP・予約サイト　IN/OUT●15：00／10：00
HP●https://www.qkamura.or.jp/katsuura/

眺めのいい高台の宿

JR紀勢本線紀伊勝浦駅より車で約20分、宇久井駅より車で約7分
車▶紀勢自動車道すさみ南ICより国道42号経由で約60km。紀勢自動車道尾鷲北ICより国道42号経由で約33km
P▶50台（無料）
送迎▶あり（14:10・16:50、要予約）

熊野灘を望む見晴らし抜群の宿

　紀伊半島、和歌山県南東にある宿。露天風呂もある「めざめの湯」や客室から太平洋の大海原を一望でき、展望テラスからは朝日も楽しめる。日本有数のマグロの水揚げ地でもあることから、マグロ料理と地元の旬の食材を取り入れた料理を堪能できる。熊野三山や熊野古道へのアクセスも抜群なので拠点にしたい。

料理

夕食▶スタンダードな和定食からマグロ料理まで、季節のコース料理を料金により用意
朝食▶バイキング
子ども▶子ども用料理あり

設備・サービス
Wi-Fi▶館内完備
一人旅▶1泊2食17,000円～（和定食）
バリアフリー▶対応客室あり（洋1室）
その他▶レストラン、売店、喫茶、展望テラス、宴会場（大広間）など

宿泊料金
1泊2食（税・サ込）

大人	14,000円～
小人（小学生）	7,000円
幼児（4歳以上）	3,500円

※上記は和室2名以上1室利用の場合。
大人のみシーズン2,200円増、ハイシーズン3,300円増

客室●50室（バス付8室）
和33室　洋2室　和洋13室
和ツイン2室
設備・備品／トイレ、テレビ、冷蔵庫、電気ポット、タオル、浴衣、カミソリ、館内用バッグなど

風呂●大浴場・露天風呂
入浴／15：00～24：00、5：00～9：30
設備・備品／シャンプー、コンディショナー、ボディーソープ、ドライヤー、冷水機、ベビーベッドなど

近畿 和歌山県

休暇村 紀州加太
きゅうかむら きしゅうかだ

`温泉` `Wi-Fi` `バリアフリー` `一人旅` `CARD`

☎073-459-0321　fax:073-459-0815
和歌山市深山483
予約●電話（6ヵ月前の同日10：00～）・HP・予約サイト　IN/OUT●15：00／10：00
HP●https://www.qkamura.or.jp/kada/

ふれあいプログラムも充実

南海加太線加太駅より車で約7分
車▶第二阪和国道深日ランプより約15km、阪和自動車道和歌山北ICより約17km
P▶65台（無料）
送迎▶あり（1時間に1本・予約不要）

海と湯面が一体化する絶景風呂を堪能

　全室オーシャンビューで、紀淡海峡の絶景を望むことができる。客室、レストラン、大浴場…どこからでも眼下に広がる海を堪能でき、沈む夕陽はまるで絵画のよう。特に露天風呂は、海とつながっているかのように見える絶景インフィニティで、この風呂めあてのお客さんも多い。自慢の海の幸も季節ごとに楽しめる。

料理

夕食▶和食や肉のコースなど数種類の会席コースから選ぶことができる。おかず、ごはん、デザートのサービスコーナーもあり
朝食▶朝懐石
子ども▶和洋のコースから選ぶことができる

宿泊料金

1泊2食（税・サ込）
大人	15,000円～
小人（小学生）	8,000円～
幼児（4歳以上）	4,000円～

※土曜2,200円増。入湯税150円（大人のみ）。料理プラン、部屋タイプ、シーズン料金、宿泊人数などで料金変動あり

客室●72室（バス付9室）
和39室　洋2室　和洋31室
設備・備品／トイレ、テレビ、冷蔵庫、電気ポット、タオル、浴衣、カミソリなど

風呂●大浴場・露天風呂・サウナ
入浴／12:00～24:00、5:00～9:00
設備・備品／シャンプー、コンディショナー、ボディーソープ、ドライヤーなど

設備・サービス

Wi-Fi▶館内完備
一人旅▶1泊2食18,000円～
バリアフリー▶対応客室あり（洋2室）
その他▶レストラン、売店、喫茶、エステルーム、宴会場、キッズコーナー、コインランドリーなど

展望露天風呂やシルキー湯も新設

晴れた日は四国まで見渡せる

美里の湯 かじか荘

みさとのゆ かじかそう

`Wi-Fi` `バリアフリー` `一人旅` `CARD`

☎073-498-0102　fax:073-498-0333

海草郡紀美野町菅沢6

予約●電話・HP・予約サイト　IN/OUT●15：00／10：00
HP●https://niunomiyako.com/

貴志川のほとりにたたずむ静かな一軒宿

近畿　和歌山県

JR海南駅よりオレンジバスで約30分、登山口下車、紀美野町コミュニティバス高野線に乗り換え、美里の湯前下車すぐ
車▶阪和自動車道路海南東ICより国道370号経由で約20km
P▶100台（無料）
送迎▶10人以上の団体で海南駅などに送迎あり（要予約）

満天の星空を堪能できる山間の静かな宿

　清流・貴志川に育まれた豊かな自然にふれあうやすらぎの宿。肉眼で天の川が見られるほど星空が美しく、6月にはゲンジボタルが乱舞する。紀美野町は、パン屋、カフェ、ジェラート専門店など、おしゃれな店が点在する注目のエリア。高野山や和歌山マリーナシティへも車で35分というアクセスで、拠点にぴったり。

料理

夕食▶新鮮な食材を使用した会席料理や名物のボタン鍋など鍋料理
朝食▶和朝食
子ども▶お子様ランチ（洋食プレート、刺身、茶碗蒸し）

宿泊料金

1泊2食（税・サ込）
大人　　　　　　　　12,160円〜
小人（小学生）　　　 7,700円〜
幼児（3歳以上）　　　6,050円〜
※休前日、特別期間は1,100円増

客室●13室（バス付6室）
和13室
設備・備品／トイレ、テレビ、冷蔵庫など

風呂●大浴場・露天風呂・サウナ
入浴／15：00〜23：00、6：30〜9：00
設備・備品／シャンプー、コンディショナー、ボディーソープ、ドライヤーなど

設備・サービス

Wi-Fi▶館内完備
一人旅▶1泊2食14,360円〜
バリアフリー▶館内一部対応
その他▶レストラン、宴会場、売店、茶室など

露天風呂からは満天の星を望める

近畿
和歌山県

あさぎり

温泉 | Wi-Fi | バリアフリー | 一人旅 | CARD

☎0737-25-1181　　fax:0737-25-1151
有田郡有田川町清水1225-1
予約●電話・HP　IN/OUT●16:00／11:00
HP●http://www.shimizu-onsen.ne.jp/facilities/asagiri.html

緑の芝生に映えるモダンな建物

JRきのくに線藤並駅より有田鉄道バスで約60分、しみず温泉下車すぐ
車▶阪和自動車道有田ICより国道480号経由で約37km
P▶45台（無料）
送迎▶なし

料理

夕食▶地元の食材をふんだんに使った会席料理
朝食▶和定食
子ども▶お子様ランチ

豊かな自然の中で温泉や体験を

　2013年にオープンした、レストラン、物販、宿泊施設を備えた滞在型施設。木の温もりあふれるモダンな佇まいは、和歌山の山間のきれいな空気とともに癒し効果抜群だ。敷地内には「しみず温泉健康館」があり、心身ともに満たされる。周辺には、木工や紙すきを楽しめる体験工房もあるので、チャレンジしよう。

宿泊料金

1泊2食（税・サ込）
大人　　　　　　　 11,550円〜
小人（4歳〜小学生） 6,050円〜
※幼児（4歳未満）無料。上記は大人2名1室利用の場合の1名料金

客室●8室（全室バス・トイレ付）
和6室　洋2室
設備・備品／テレビ、冷蔵庫、空気清浄機、テーブルなど

風呂●大浴場（しみず温泉）
入浴／11:00〜21:00（水・木定休）
設備・備品／リンスインシャンプー、ボディーソープ、ドライヤーなど

設備・サービス

Wi-Fi▶客室内可能
一人旅▶1泊2食13,200円〜
バリアフリー▶対応客室あり（洋1室）
その他▶レストラン棟、売店、自動販売機など

生産量日本一の山椒の加工品

癒しの宿 クアハウス白浜
いやしのやど くあはうすしらはま

近畿 和歌山県

温泉 | Wi-Fi | バリアフリー | 喫煙 | CARD

☎0739-42-4175　fax:0739-42-2705
西牟婁郡白浜町3102

予約●電話・HP・予約サイト　IN/OUT●15：00／10：00
HP●https://kurhouse-shirahama.or.jp/

2023年12月13日、2024年1月16・17日、休み

静かな環境の高台にある宿

JR紀勢本線白浜駅より車で約15分
車▶紀勢自動車道南紀白浜ICより県道34号経由で約8km
P▶100台（無料）
送迎▶なし

料理

夕食▶季節の食材を使った和会席。食事会場はプランによって異なる
朝食▶和食膳
子ども▶小学生は大人に準じた会席、幼児はお子様ランチ

温水プールを備えたクアハウスを満喫

　箱蒸しや圧注浴など、多種多様な浴槽を完備した温泉と温水プールを楽しめる癒しの宿。リーズナブルに利用できる部屋はもちろん、露天風呂付きの部屋や1枚ガラスで開放感のある和モダンの部屋など、種類も豊富。料理は、地元産の食材を多用した会席が楽しめる。白浜観光の拠点にしたい宿。

宿泊料金
1泊2食（税・サ込）
大人　　　　　13,200円〜
※小人（小学生）は大人の70％、幼児（未就学児）は大人の50％。入湯税150円（大人のみ）

湯上りも湯冷めしにくい泉質

客室●42室（バス付5室）
和38室　洋4室
設備・備品／トイレ、テレビ、冷蔵庫、電気ポット、タオル、浴衣、カミソリなど

風呂●大浴場・露天風呂・サウナ
入浴／15：00〜24：00、6：00〜9：00
設備・備品／シャンプー、コンディショナー、ボディーソープなど

設備・サービス
Wi-Fi▶ロビー、客室で可能
一人旅▶対応なし
バリアフリー▶対応客室あり（洋1室）
その他▶喫茶、売店、宴会場、プール（要水着）など

クアハウス施設は屋内にある

近畿 和歌山県

南紀すさみ温泉 ホテルベルヴェデーレ
なんきすさみおんせん ほてるべるゔぇでーれ

`温泉` `Wi-Fi` `バリアフリー` `ペット` `CARD`

☎0739-55-3630　fax:0739-55-2929
西牟婁郡すさみ町周参見4857-3
予約●電話・FAX・HP・予約サイト　IN/OUT●15：00／11：00
HP●https://www.ikoi-w.com/

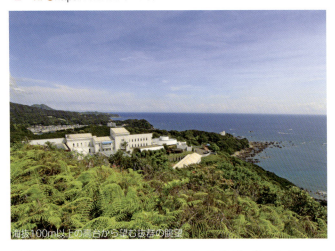
海抜100m以上の高台から望む抜群の眺望

JR紀勢本線周参見駅より車で約5分
車▶紀勢自動車道日置川ICより国道42号経由で約7km
P▶60台（無料）
送迎▶周参見駅から送迎あり（要予約）

眺望、温泉、料理、すべて楽しめるリゾートホテル

　高台から遥か彼方まで続く水平線を望み、南国ならではの草花に囲まれたリゾートホテル。敷地内から湧き出る温泉は強アルカリpH9.5の単純泉。地中海風の露天風呂からも抜群の眺望が楽しめる。広大な敷地内には遊歩道を完備している。南紀白浜へ車でわずか15分程度とアクセス良好でうれしい。

料理

夕食▶すさみ名物、伊勢エビ、ケンケン鰹のほか、南紀の味覚、ハモ、本クエなどを使った会席（BBQは7～9月）。食事はレストランで
朝食▶和洋バイキング
子ども▶お子様ランチ

宿泊料金

1泊2食（税・サ込）
大人　　　　　　　15,400円～
小人（小学生）　　10,780円～
幼児（4歳以上）　　7,700円～
※入湯税150円（大人のみ）

客室●37室（バス付19室）
和29室　洋2室　和洋6室
設備・備品／トイレ、テレビ、冷蔵庫、電気ポット、タオル、浴衣、カミソリ、館内用バッグなど

風呂●大浴場・露天風呂・サウナ
入浴／15：00～24：00、5：30～10：00
設備・備品／シャンプー、コンディショナー、ボディーソープなど

設備・サービス

Wi-FI▶客室内可能
一人旅▶対応なし
バリアフリー▶対応客室あり（和洋1室）、スロープあり
その他▶レストラン、売店、宴会場、会議室、ペットハウスなど

最高の眺望を満喫できる露天風呂

公立学校共済組合津宿泊所「プラザ洞津」

こうりつがっこうきょうさいくみあいつしゅくはくしょ ぷらざどうしん

Wi-Fi **バリアフリー** **一人旅** **CARD**

☎059-227-3291　fax:059-226-3185
津市新町1-6-28

予約●電話・HP・予約サイト　IN/OUT●15：00／10：00
レストランはランチタイムのみ営業（日曜、年末年始休み）　HP●https://www.dohshin.jp/

近畿 三重県

近鉄名古屋線津新町駅より徒歩約2分（約240m）
車▶伊勢自動車道津ICより約4km
P▶88台（無料）、思いやり駐車場1台
送迎▶なし

観光にもビジネスにも利便性の高い宿

見どころあふれる伊勢志摩観光に最適の宿

　江戸時代に32万石を誇った城下町・津は、今なお三重県の県庁所在地で交通至便の地。近鉄津駅の次の駅である近鉄津新町駅近くにあり、伊勢志摩・鈴鹿・松阪への中継点としても便利な宿だ。市内のビジネスはもちろん、伊勢神宮や高田本山専修寺への参拝、御殿場海岸での潮干狩りなどのレジャー・観光の拠点にしたい。

料理

夕食▶1階レストランで、和洋折衷料理、和食料理
朝食▶和食料理
子ども▶夕食は子ども料理（洋食）、朝食は子ども朝食
※宿泊者の食事は要予約

宿泊料金

1泊2食（税・サ込）
大人　　　　　　　12,000円〜
小人（6歳〜12歳）　8,840円〜
※幼児料金の設定はないが、添い寝料金が必要

客室●29室（全室バス・トイレ付）
和4室　洋25室
設備・備品／テレビ、冷蔵庫、空気清浄機、湯沸しポット、タオル、歯ブラシ、シャンプー、リンスなど

洋室には「エアウィーヴ」マットを設置

風呂●全客室に浴室完備
設備・備品／シャンプー、コンディショナー、ボディーソープなど

設備・サービス

Wi-Fi▶宿泊階、1階ロビーで可能
一人旅▶素泊まり6,050円〜
バリアフリー▶1階に車椅子用トイレあり
その他▶宴会場、会議室、コインランドリー、ソフトドリンク自動販売機など

伊勢神宮外宮まで約50分

近畿 三重県

リバーサイド茶倉
りばーさいどちゃくら

`Wi-Fi` `一人旅` `ペット` `CARD`

☎0598-32-3223　　fax:0598-32-2523
松阪市飯南町粥見1084-1
予約●電話・HP　IN/OUT●テント13：00／12：00　キャビン15：00／11：00
HP●https://www.everglades.jp/riversidechakra

芝生広場やドッグラン（日帰りのみ）も完備

JR紀勢本線・近鉄山田線松阪駅より三重交通バス飯南波瀬線で約45分、畑井下車、道の駅茶倉駅を経由して徒歩約15分
車▶伊勢自動車道勢和多気ICより約10km、松阪ICより約20km
P▶約100台（無料）
送迎▶なし

アウトドアを楽しむ滞在型ビレッジ

　清流櫛田川添いにあるキャンプ施設。バラエティーに富んだテントサイトをはじめ、キャンプ初心者でも楽しめるキャビンでの宿泊もできる。本格的なアメリカンBBQセットがある。場内にはテニスコートもあり、テニス以外にもピックルボールやアウトドアバドミントン、モルックなどアクティビティも充実（別途レンタル）。

料理

食事▶夕食はBBQ食材を提供。「リブアイステーキ＆ロブスターセット」7,480円〜

宿泊料金

1泊素泊まり（税・サ込）
テント	3,000円〜
キャビン棟	10,900円〜

客室●
キャビン（4名用）6棟（5名用）1棟　（8名用）1棟
設備・備品／2棟のみシャワー、トイレ

風呂●シャワー
入浴／キャビンは一部シャワー室あり。コインシャワー（3基）は自由に利用できる

設備・サービス

Wi-Fi▶本館可能
一人旅▶可能
ペット▶一部キャビン（必ず底のついたケージが必要）、区画テントのみ可
その他▶売店、芝生広場、テニスコート、キャンパーダイニング

3面あるテニスコート

奥伊勢フォレストピア
おくいせふぉれすとぴあ

近畿 三重県

`温泉` `Wi-Fi` `バリアフリー` `一人旅` `CARD`

☎0120-017-137　fax:0598-76-1211
多気郡大台町薗993
予約●電話（6カ月前の1日～）・HP・予約サイト　IN/OUT●15：00／10：00
HP●https://okuiseforestpia.com/

森の中にあるホテル、宮川山荘

JR紀勢本線三瀬谷駅より車で約15分
車▶紀勢自動車道大宮大台ICより国道42号・県道31号経由で約10km
P▶100台（無料）
送迎▶三瀬谷駅から送迎あり（要予約）

料理

夕食▶地元の食材を使ったオリジナルフレンチコース
朝食▶お粥の和定食
子ども▶お子様ランチ

爽やかな森と清流に癒される

　大自然に囲まれた温泉リゾート。館内は木をふんだんに使い、温かみがあふれている。敷地内にはホテル仕様の宮川山荘のほか、コテージやバーベキューガーデンなども完備。星空の下で、キャンプも楽しめる。年間を通していろいろなイベントがあり、なかでも釣り＆つかみ取り体験が人気。各種宿泊プランもある。

宿泊料金

1泊2食（税・サ込）

大人	14,500円～
小人（小学生）	10,150円～
幼児（5・6歳）	5,830円
幼児（3・4歳）	4,730円

※休前日大人17,000円、小人11,900円

美肌効果のある温泉

客室●11室（全室バス・トイレ付）
和2室　洋5室　和洋4室
設備・備品／テレビ、冷蔵庫、電気ポット、ドライヤー、タオル、パジャマなど

風呂●大浴場・露天風呂
入浴／15:00～23:00、6:00～9:00
設備・備品／シャンプー、ボディーソープ、コインランドリーなど

設備・サービス

Wi-Fi▶館内完備
一人旅▶1泊2食17,800円～
バリアフリー▶館内対応。客室内トイレは段差があるため、1階ロビーの多目的トイレを利用
その他▶レストラン、ラウンジ、売店、エステサロンなど

緑が一望できるレストラン

近畿 三重県

入鹿温泉 ホテル瀞流荘
いるかおんせん ほてるせいりゅうそう

温泉 | Wi-Fi | バリアフリー | 一人旅 | CARD

☎0597-97-1180　fax:0597-97-0632
熊野市紀和町小川口158
予約●電話・HP・予約サイト　IN/OUT●15：00／10：00
HP●https://seiryusou.com

三重・和歌山・奈良へとつながる熊野観光の拠点

JR紀勢本線熊野市駅より熊野古道瀞流荘線のバスで約50分、瀞流荘下車すぐ
車▶熊野尾鷲道路熊野大泊ICより国道311号経由で約28km
P▶70台（無料）
送迎▶熊野市駅から送迎あり（要予約）

清流・北山川と雄大な自然にひたる

　熊野古道、丸山千枚田、赤木城跡、熊野三山などの遺産や名所へのアクセスが抜群な、山と川に囲まれた自然豊かなホテル。入鹿温泉は、昔から泉質の良さで知られる名湯。露天風呂から眺められる絶景・北山川は旅の疲れを癒してくれる。食事は旬の地元食材「熊野地鶏」や「熊野牛」などを使った郷土料理が楽しめる。

料理

夕食▶三重ブランド「熊野地鶏」や熊野ブランド「熊野牛」を使った会席料理をレストランで
朝食▶紀和味噌や梅干しなど、地元食材を使った和定食
子ども▶子ども向けメニューあり

宿泊料金

1泊2食（税・サ込）
大人　　　　　　　13,150円～
小人（3歳～小学生）　9,000円
※上記は入湯税150円（大人のみ）込み。
休前日1,000円増、土曜2,000円増

客室●27室
和15室　洋5室　和洋7室
設備・備品／トイレ、テレビ、冷蔵庫、金庫、タオル、浴衣、歯ブラシ、ドライヤーなど

湯ノ口温泉露天風呂
（9:00～21:00）

風呂●大浴場・露天風呂・サウナ
入浴／12:00～23:00
設備・備品／シャンプー、コンディショナー、ボディーソープなど

設備・サービス

Wi-Fi▶客室、ロビーで可能
一人旅▶1泊2食16,150円～
バリアフリー▶対応客室あり（洋1室）、館内一部対応
その他▶レストラン、売店、宴会場、交流ロビーなど

※当面の間運休

中　部

愛知県 ------------------------------ 54

岐阜県 ------------------------------ 57

静岡県 ------------------------------ 62

長野県 ------------------------------ 66

福井県 ------------------------------ 71

石川県 ------------------------------ 77

富山県 ------------------------------ 82

中部 愛知県

モリトピア愛知
もりとぴああいち

バリアフリー 一人旅

☎0536-32-1262　fax:0536-32-1273
新城市門谷字鳳来寺7-60
予約●電話（利用日1年前の同月1日〜）　IN/OUT●16：00／10：00
HP●https://www.aichi-park.or.jp/kenmin/

スポーツ施設やキャンプ場、バンガローも完備

JR飯田線三河槙原駅より徒歩約15分
車▶（名古屋方面）新東名高速道路新城ICより北へ約15km（静岡方面）新東名高速道路浜松いなさJCT経由三遠南信自動車道鳳来峡ICより約5km
P▶200台（無料）
送迎▶なし

料理

夕食▶会席料理
朝食▶和食
子ども▶幼児食あり（要相談）

設備・サービス

Wi-Fi▶なし
一人旅▶1泊2食9,500円〜
バリアフリー▶対応客室あり（洋2室）、電動車椅子あり
その他▶レストラン、喫茶、森林学習館、キャンプ場など

自然の中でバーベキュー

都会の喧騒を離れて森の中でくつろぐ

　レクリエーション施設として整備された広大な愛知県民の森。宿泊施設のモリトピア愛知を中心に、森の展示館やキャンプ場、ハイキングコースなどを完備する。春はツツジ、夏はホタル、秋は紅葉など、四季折々の自然に触れられる。なかでも4〜5月上旬に咲くホソバシャクナゲは、世界でもこの地域だけの珍しい種類。

宿泊料金

1泊2食（税・サ込）
大人　　　　　　　　　 8,300円〜
小人（3歳〜中学生）　 5,900円〜
※上記は8畳3名利用の1名料金。幼児は寝具代1,000円。特定日大人8,700円〜、小人6,200円〜

ゆったりとした大浴場

客室●28室（バス付5室）
和26室　洋2室
設備・備品／トイレ、テレビ、冷蔵庫、タオル、浴衣、歯ブラシなど

風呂●大浴場
入浴／16:00〜23:00、6:30〜9:00
設備・備品／リンスインシャンプー、ボディーソープ、ドライヤーなど

豊田市 百年草
とよたし ひゃくねんそう

Wi-Fi　一人旅　CARD

☎0565-62-0100　fax:0565-62-2389
豊田市足助町東貝戸10

予約▶電話・メール（利用日4カ月前〜）・予約サイト　IN/OUT▶15：00／10：00
HP▶https://www.hyakunensou.co.jp/

中部 愛知県

足助川に沿って建つ、緑豊かなロケーション

名鉄名古屋本線東岡崎駅より名鉄バスで約70分、足助バスセンター下車、徒歩約15分。名鉄豊田線浄水駅より豊田おいでんバス百年草行きで約70分、終点下車すぐ
車▶東名高速道路名古屋ICより国道153号経由で約36km
P▶50台（無料）
送迎▶なし

おしゃれな客室とフレンチが魅力

　足助川の畔に建ち、それぞれにデザインが異なる客室はおしゃれな雰囲気。窓からは清流と山々の緑が望める。夕食は一流シェフによる本格フランス料理のコース。地元のおじいさん、おばあさんが作る手作りのハムやウインナー、焼きたてパンも味わえる。紅葉が美しい香嵐渓や足助の古い町並みなどの観光もおすすめ。

料　理
夕食▶地元の食材を使ったフランス料理のコース。単品も多数
朝食▶ZiZi工房のハム・ウインナーをメインにした料理と和食
子ども▶子ども向けメニューあり

宿泊料金
1泊2食（税・サ込）
大人　　　　　　14,850円〜
小人（4歳〜中学生）6,710円〜
※幼児は無料（寝具、食事なし）

客室●10室（バス付2室）
和2室　洋2室　和洋6室
設備・備品／トイレ、テレビ、冷蔵庫、電気ポット、金庫、タオル、作務衣、歯ブラシなど

風呂●大浴場
入浴／15：00〜24：00、6：00〜8：00
設備・備品／シャンプー、リンス、ボディーソープ、ドライヤーなど

設備・サービス
Wi-Fi▶館内完備
一人旅▶1泊2食15,950円〜
その他▶レストラン、喫茶、足助ハムのZiZi工房、ベーカリーなど

ZiZi工房のハム類とバーバラはうすのパン

「飯盛の湯」と「真弓の湯」

中部 愛知県

休暇村 伊良湖
きゅうかむら いらご

Wi-Fi　バリアフリー　一人旅　CARD

☎0531-35-6411　fax:0531-35-6414

田原市中山町大松上1

予約●電話（6カ月前の同日10：00〜）・HP・予約サイト　IN/OUT●15：00／10：00
HP●https://www.qkamura.or.jp/irago/

スポーツ施設やキャンプ場、コテージも完備

豊橋鉄道三河田原駅より豊鉄バス休暇村経由伊良湖岬行きで約45分、休暇村下車すぐ
車▶東名高速道路音羽蒲郡ICより国道1・23・259号経由で伊良湖方面へ約56km
P▶150台（無料）
送迎▶伊良湖港から送迎あり（到着時に電話連絡）

渥美半島の自然と旬の食材を満喫

渥美半島の先端、温暖な伊良湖岬に建つ休暇村。三河湾や伊勢湾、遠州灘の魚介類をはじめ、渥美半島の旬の食材が味わえる。展望大浴場「満月の湯」と「三日月の湯」では、にごり湯や炭酸泉など、3種類のお湯を堪能。園地内にはテニスコートやグラウンド、グラウンドゴルフ場、体育館などがあるので、スポーツとセットで楽しめる。

料理

夕食▶渥美半島ごちそうビュッフェ、季節のグルメコース
朝食▶朝食ビュッフェ
子ども▶渥美半島ごちそうビュッフェ

宿泊料金

1泊2食（税・サ込）
大人　　　　　　　13,000円〜
小人（小学生）　　　7,000円
幼児（4歳以上）　　3,500円
※大人はオンシーズン2,200円増、ハイシーズン3,300円増

客室●57室（バス付1室）
和40室　洋4室　和洋13室
設備・備品／トイレ、テレビ、ミニ保冷庫、金庫、電気ポット、タオル、浴衣など

風呂●大浴場・露天風呂
入浴／15：00〜24：00、5：00〜9：00
設備・備品／シャンプー、リンス、ボディーソープなど

設備・サービス

Wi-Fi▶館内完備
一人旅▶1泊2食17,000円〜
バリアフリー▶スロープあり、車椅子可能なエレベーターあり
その他▶レストラン（ガーデンダイニング、メインダイニング）、売店、アウトドアリビングなど

夕日と星空が楽しめるアウトドアリビング

展望大浴場「満月の湯」

ホテルグランヴェール岐山
ほてるぐらんヴぇーるぎざん

中部 岐阜県

[Wi-Fi] [バリアフリー] [一人旅] [CARD]

☎058-263-7111　　fax:058-263-5517
岐阜市柳ケ瀬通6-14

予約●電話・HP・予約サイト　　IN/OUT●16：00／10：00
HP●https://www.grandvert.com/

岐阜の町並みを一望できるくつろぎ空間

JR岐阜駅より駅北口バスターミナル9番乗り場より岐阜大学行きで約10分、柳ヶ瀬西口下車徒歩約2分
車▶名神高速道路岐阜羽島ICより県道194号経由で約17km
P▶40台（1泊1,000円）
送迎▶なし

洗練された雰囲気とサービスが自慢の宿

　JR岐阜駅から車で約5分、柳ヶ瀬の一角に建つ、明るくスタイリッシュなホテル。シックな内装と照明でデザインされたリラックスできる空間と、厳選を重ねてこだわり抜いた素材を使ったシェフ自慢の料理が楽しめる。最上階レストランで、夜景を見ながらのディナーは格別。

料理

夕食▶最上階レストランでイタリアンコースor日本料理会席
朝食▶ホテル特製の岐阜名物朴葉味噌付き和風松花堂弁当
子ども▶子ども向け料理あり

宿泊料金

1泊2食（税・サ込）
大人　　　　　16,100円〜
小人（小学生以下）10,000円〜
※料金は各日変動料金。詳細は要問い合わせ

客室●61室（全室バス・トイレ付）
和3室　洋58室
設備・備品／テレビ、冷蔵庫、電気ポット、空気清浄機、タオル、浴衣、ガウンなど

風呂●全客室に浴室完備
設備・備品／シャンプー、コンディショナー、ボディーソープ、ドライヤーなど

設備・サービス
Wi-Fi▶館内完備
一人旅▶1泊2食16,100円〜
バリアフリー▶対応客室あり
その他▶レストラン、ティーラウンジ、宴会場、会議室、自動販売機コーナーなど

スカイレストラン「ボン・ルパ」

KKR 平湯たから荘

けーけーあーる ひらゆたからそう

中部 岐阜県

`温泉` `Wi-Fi` `一人旅` `CARD`

☎0578-89-2626　fax:0578-89-3126

高山市奥飛騨温泉郷平湯763-12

予約●電話（8:00〜21:00）・HP・予約サイト　IN/OUT●15:00／10:00
HP●https://www.kkrhirayu.com/

オフシーズン（11月下旬〜4月中旬）は特別価格の冬季限定プランあり

JR高山本線高山駅より新穂高ロープウェイ行きバスで約60分、平湯温泉下車、徒歩約5分
車▶（東京）中央自動車道経由長野自動車道松本ICより国道158号経由で約47km（大阪）東海北陸自動車道飛騨清見ICより高山清見道路・国道158号経由で約55km
P▶ 25台（無料）
送迎▶ 平湯温泉バスターミナルから送迎あり（要予約）

奥飛騨温泉郷の名湯を心ゆくまで堪能

　奥飛騨の原生林に囲まれた静かなロケーションで、自家源泉掛け流し「たからの湯」と特選飛騨牛のステーキなどが人気の国家公務員共済組合の宿。近くから運行しているシャトルバスで、特別名勝の上高地や日本百名山の乗鞍岳観光が楽しめる（マイカー通行不可）。飛騨高山や白川郷、松本や安曇野まで車で60〜90分。

料理

夕食▶ お手軽ミニプラン
朝食▶ 奥飛騨朝食膳（和食）
子ども▶ お子様ランチスタイルの夕食あり

宿泊料金

1泊2食（税・サ込）

大人　　　　　　11,200円〜
小人（幼児〜小学生）8,960円〜

※上記はお手軽ミニプラン組合員価格（小人お子様ランチスタイル夕食は7,040円〜）。休前日やトップ期間は料金が異なる。入湯税150円（大人のみ）。洋室1,000円増。一般は組合員価格の2,000円増

客室● 14室（バス付3室）
和13室 洋1室
設備・備品／トイレ、テレビ、冷蔵庫、タオル、浴衣、歯ブラシ、ドライヤーなど

風呂● 大浴場・露天風呂
入浴／15:00〜翌9:00
設備・備品／シャンプー、リンス、ボディーソープ、シャワーキャップ、ひげ剃り、ドライヤーなど

設備・サービス

Wi-Fi▶ 館内完備
一人旅▶ 追加料金2,000円
その他▶ レストラン、囲炉裏付ロビー、マッサージチェアなど

時間により湯色が変化する

道の駅飛騨金山 ぬく森の里温泉

みちのえきひだかなやま ぬくもりのさとおんせん

中部 岐阜県

`温泉` `Wi-Fi` `CARD`

☎0576-32-4855　fax:0576-32-4477

下呂市金山町金山911-1

予約●電話・HP・予約サイト　IN/OUT●15：00／10：00　木曜休み
HP●https://nukumorinosato-onsen.com/

リーズナブルに泊まれる道の温泉駅

JR高山線飛騨金山駅よりげろバス金山東線または菅田線で金山病院下車すぐ
車▶東海環状自動車道富加関ICより県道58号・国道41号経由で約45km
P▶40台（無料）
送迎▶なし

馬瀬川のせせらぎと温泉を楽しむ

　全国でも珍しい宿泊ができる道の温泉駅。飛騨牛をはじめ、飛騨名物の朴葉寿司やアユ、マツタケなど、メニュー豊富な料理も楽しみだ。飛騨金山の森や飛騨金山巨石群など、周辺には観光スポットが点在。産直市場「朝取横丁」には、道の駅ならではの地元の朝採り野菜や特産品が並ぶ（9：00～15：00）。

料理

夕食▶季節感のある郷土料理の会席
朝食▶和食
子ども▶子どもランチあり

宿泊料金

1泊2食（税・サ込）

大人　　　　　　　12,100円～
小人（小学生まで）　7,150円～
※入湯税150円（大人のみ）

客室●8室

和6室　洋2室
設備・備品／トイレ、テレビ、冷蔵庫、電気ポット、タオル、浴衣、ドライヤー、カミソリなど

風呂●大浴場・露天風呂

入浴／11：00～23：00、6：00～8：30
設備・備品／シャンプー、ボディーソープ、ドライヤーなど

設備・サービス

Wi-Fi▶客室、ロビーで可能
一人旅▶1泊2食14,300円～
バリアフリー▶バリアフリートイレ、車椅子貸し出しあり
その他▶レストラン、売店、ヒーリングサロンなど

自然の中の露天風呂

中部 岐阜県

せせらぎ街道の宿 たかお
せせらぎかいどうのやど たかお

`Wi-Fi` `一人旅` `CARD`

☎0120-622-139　fax:0575-62-2139
郡上市八幡町市島945-1
予約●電話・HP・予約サイト　IN/OUT●16：00/9：00
HP●https://ct-takao.com

夜になると、満天の星空が見られる

自然と遊びが満載のサイクリングターミナル

　清流吉田川が近くを流れ、2月のアマゴ、6月のアユなど、季節になると釣竿が並ぶ風景が見られる。春には桜と水仙が咲き、6月にはホタルが飛び交う自然の宝庫。めいほうスキー場まで車で25分とアクセスもよく、冬はスキーやスノボを楽しむ人たちでにぎわう。自転車が楽しめるのも、サイクリングターミナルならでは。

長良川鉄道郡上八幡駅より八幡バス八幡明宝線で約15分、中央橋下車、徒歩約5分
車▶東海北陸自動車道郡上八幡ICより明宝方面へ約8km
P▶30台（無料）
送迎●なし

料理

夕食▶和牛や野菜など、地場産の食材を使ったごちそうプラン（2,970円）や日替わり定食のビジネスプラン（1,650円）
朝食▶和風朝食（990円）
子ども▶お子様ランチあり

宿泊料金
1泊2食（税・サ込）
大　人	8,360円
中学生	7,000円
4歳～小学生	6,390円

※上記は最高価格のプラン。他にもプランあり。3歳以下無料（寝具なし）

客室●14室
和14室
設備・備品／テレビ、電気ポット、お茶パックなど

風呂●大浴場
入浴／18：00～23：00
設備・備品／シャンプー、リンス、ボディーソープ、ドライヤーなど

設備・サービス

Wi-Fi▶サロンのみ可能
一人旅▶1泊2食8,360円
その他▶レストラン、売店、宴会場、交流ロビーなど

ライトアップされた庭園

大浴場と中浴場がある

国民宿舎 恵那山荘
こくみんしゅくしゃ えなさんそう

Wi-Fi **バリアフリー** **一人旅** **喫煙** **CARD**

☎0573-66-7773　fax:0573-65-7490
恵那市東野2390-165
予約●電話・HP・予約サイト　IN/OUT●15：00／10：00
HP●https://www.enasansou.net/

中部 岐阜県

湖と高原で自然を堪能できる

明知鉄道飯沼駅より車で約15分
車▶中央自動車道恵那ICより東へ約14km
P▶60台（無料）
送迎▶なし

湖畔の宿でアクティブに過ごす

　標高900mの根の上高原にある公共の宿。近くには2つの湖があり、四季折々に違った風景を描く自然豊かな環境だ。お風呂は恵那山や近郊の山並みが見渡せる展望風呂。朝食は朴葉味噌など山の宿らしい和定食で、夕食は地元の旬の素材を使った料理長自慢の会席料理。飛騨牛をメインとしたコースもある。

料理

夕食▶会席料理
朝食▶和定食
子ども▶小学生はお子様ランチか会席料理、幼児はお子様ランチ

宿泊料金

1泊2食（税・サ込）
大人　　　　　　　8,900円～
小人（小学生）　　5,900円～
幼児（未就学児）　4,200円
※休前日、繁忙期は別料金

客室●18室（バス・トイレ付2室）
和16室　和洋2室
設備・備品／テレビ、タオル、浴衣、歯ブラシなど

風呂●大浴場
入浴／15：00～23：00、6：00～10：00
設備・備品／シャンプー、リンス、ボディーソープ、ドライヤーなど

設備・サービス

Wi-Fi▶ロビーなどで可能
一人旅▶素泊まり7,400円～
バリアフリー▶館内一部対応。階段昇降機、車椅子あり
その他▶レストラン、売店、休憩スペースなど。2022年4月よりグランピング施設（ホコグランピング）10棟営業

湖畔デッキ

ドームテントでアウトドア気分

休暇村 富士
きゅうかむら ふじ

中部 / 静岡県

温泉 | Wi-Fi | バリアフリー | 一人旅 | CARD

☎0544-54-5200　fax:0544-54-2550
富士宮市佐折634
予約●電話（6カ月前の同日10：00～）・HP・予約サイト　IN/OUT●15：00／10：00
HP●https://www.qkamura.or.jp/fuji/

田貫湖畔に建ち、眺めも抜群

JR身延線富士宮駅より富士急静岡バス休暇村富士行きで約45分、終点下車すぐ
車▶新東名高速道路新富士ICより西富士道路・国道139号経由で約32km
P▶80台（無料）
送迎▶なし

富士山麓朝霧高原湖畔のリゾート

富士山麓の豊かな自然に囲まれた休暇村。客室やロビー、レストランなど、館内のどこからでも富士山が見える。お風呂は、富士田貫湖温泉「富士山恵みの湯」。なめらかなお湯につかりながら、富士山を眺めることができる。朝のふれあいウォーキングや冬期限定の水鳥ウォッチングなど、ここならではの楽しみも満載だ。

料理

夕食▶地元の食材をシェフがライブでもてなす富士山恵みのビュッフェ。静岡の素材を使った懐石コース
朝食▶ビュッフェ
子ども▶ビュッフェ

宿泊料金

1泊2食（税・サ込）
大人	17,500円～
小人（小学生）	8,000円
幼児（4歳以上）	4,000円

※大人のみオンシーズン2,200円増、ハイシーズン3,300円増

客室●60室（バス付40室）
和20室　洋40室
設備・備品／トイレ、電気ポット、テレビ、冷蔵庫、タオル、浴衣、ドライヤーなど

風呂●大浴場・サウナ
入浴／15：00～24：00、5：00～9：00
設備・備品／シャンプー、コンディショナー、ボディーソープ、ドライヤー、冷水機など

富士山恵みの湯

設備・サービス

Wi-Fi▶館内完備
一人旅▶3,000円増
バリアフリー▶館内一部対応
その他▶レストラン、売店、カフェなど

レストランでビュッフェ

伊豆まつざき荘
いずまつざきそう

中部 静岡県

`温泉` `Wi-Fi` `バリアフリー` `一人旅` `喫煙` `CARD`

☎0558-42-0450　fax:0558-42-0796
賀茂郡松崎町江奈210-1
予約●電話・HP（3カ月前の1日～）・予約サイト　IN/OUT●15：00／10：00
HP●https://izu-matsuzakisou.com

2006年に国民宿舎からリニューアルオープン

伊豆箱根鉄道修善寺駅より東海バスで約105分、松崎下車、徒歩約3分
車▶東名高速道路沼津ICまたは新東名高速道路長泉沼津ICより松崎方面へ約72km
P▶60台（無料）
送迎▶なし

料理

夕食▶和定食。料金アップで料理内容ランクアップ。写真は田舎料理プラン
朝食▶バイキング
子ども▶小学生は子ども料理、幼児はお子様ランチあり

朝夕に輝く海と棚田の風景が広がる

松崎海岸に隣接し、目の前に海水浴場が広がる。最上階に掛け流しの温泉があり、夕日を眺めながらくつろげる展望風呂や露天風呂を完備。食事は海の幸を中心にした料理を2階の海の見えるレストラン「SUNSET」か宴会場で。館内はバリアフリーをコンセプトに設計され、誰もが安心して利用できる。

宿泊料金
1泊2食（税・サ込）

大人	12,560円～
小人（小学生）	10,450円～
幼児（3歳以上）	3,850円

※入湯税込み。土曜、休前日、夏期、年末年始は1,100円増。その他特別日は2,200円増

客室● 42室（バス付18室）
和24室　和洋3室　洋15室
設備・備品／トイレ、テレビ、冷蔵庫、タオル、浴衣、歯ブラシ、ドライヤーなど

風呂● 大浴場・露天風呂
入浴／15：00～翌9：00、貸切風呂16：00～22：00（有料、要予約）
設備・備品／シャンプー、リンス、ボディーソープ、ドライヤーなど

設備・サービス

Wi-Fi▶館内完備（FREE SPOT）
一人旅▶追加料金通常2,200円。一人旅プランあり（平日料金）
バリアフリー▶対応客室あり（洋2室）、館内完備。車椅子利用者に貸切風呂（有料）を1回分提供
その他▶レストラン、喫茶、卓球コーナーなど

3種類の浴槽がある駿河湾を見渡す大浴場

夕日に照らされるパノラマ露天風呂

中部 静岡県

休暇村 南伊豆
きゅうかむら みなみいず

温泉 Wi-Fi バリアフリー 一人旅 CARD

☎0558-62-0535　fax:0558-62-0536
賀茂郡南伊豆町湊889-1
予約●電話（6カ月前の同日10:00～）・HP・予約サイト　IN/OUT●15：00／10：00
HP●https://www.qkamura.or.jp/izu/

歴史のある下田の街と伊豆観光が楽しめる

伊豆急下田駅より東海バス4番乗り場より休暇村経由石廊崎オーシャンパーク行きで約25分
車▶東名高速道路沼津ICより伊豆縦貫自動車道・国道414・136号経由で約82km
P▶120台（無料）
送迎▶なし

温泉と海の幸が楽しめるビーチリゾート

「日本の渚百選」に選ばれた白浜のビーチ・弓ヶ浜に近いリゾートホテル。温暖な気候の南伊豆では、四季を通じてマリンスポーツやトレッキングが楽しめる。夕食は基本のビュッフェに加え、あわび・金目鯛など旬の一品料理（別注文）を用意。全室海側の客室で、くつろぎの時間を過ごしたい。

料理

夕食▶ビュッフェ
朝食▶ビュッフェ
子ども▶キッズコーナー、子ども向け食器あり

宿泊料金

1泊2食（税・サ込）

大人	15,500円～
小人（小学生）	10,000円
幼児（4歳以上）	5,000円

※上記はビュッフェコースの料金。入湯税150円（大人のみ）

客室●76室（バス付43室）
和40室　洋3室　和洋33室
設備・備品／トイレ、テレビ、冷蔵庫、電気ポット、タオル、浴衣、歯ブラシなど

風呂●大浴場・露天風呂
入浴／13:00～24:00、5:00～9:30
設備・備品／シャンプー、リンス、ボディーソープ、ドライヤー、化粧品など

設備・サービス

Wi-Fi▶館内完備。潮騒テラス、プールで可能
一人旅▶対応あり
バリアフリー▶館内完備。玄関から客室まで車椅子移動が容易
その他▶レストラン、売店、湯あがりラウンジ、ベーカリー、足湯など

星空カフェ

潮風が心地よい弓ヶ浜温泉

国民宿舎 奥浜名湖
こくみんしゅくしゃ おくはまなこ

`Wi-Fi` `バリアフリー` `一人旅` `喫 煙` `CARD`

☎053-522-1115　fax:053-523-1911

浜松市北区細江町気賀1023-1

予約●電話・HP　IN/OUT●15：00／10：00
HP●https://www.okuhamanako.jp/

中部 静岡県

ゆっくり過ごせる快適な宿

自然に囲まれた浜名湖の宿

　浜名湖県立自然公園の中にある宿泊施設。館内はユニバーサルデザインを導入し、客室も和室は全面畳敷きのフラット、和洋室はバリアフリー仕様で、誰もが安全で快適に過ごせる。最上階の大展望風呂からは、雄大な浜名湖を一望。開業当初から提供している浜名湖特有のすっぽん料理（季節限定）も好評だ。

JR浜松駅北口バスターミナル15番遠州鉄道バス気賀行きで約50分、気賀駅前下車、車で約5分
車▶（東京方面）東名高速道路浜松西ICまたは新東名高速道路浜松いなさICより約12km（大阪方面）東名高速道路三ヶ日ICより約12km
P▶50台（無料）
送迎▶なし

料 理

夕食▶会席料理（写真は特別料理奥浜名湖会席）。地元の食材を使った郷土料理など
朝食▶和食膳
子ども▶お子様御膳など

宿泊料金

1泊2食（税・サ込）
大人	11,550円～
小人（小学生）	7,920円～
幼児（3歳以上）	4,620円～

客室● 28室（バス付8室）
和20室　洋6室　和洋2室
設備・備品／トイレ、テレビ、冷蔵庫、電気ポット、タオル、歯ブラシ、カミソリ、ドライヤーなど

風呂● 大浴場・サウナ
入浴／15：00～24：00、6：00～8：30
設備・備品／シャンプー、リンス、ボディーソープ、ドライヤー、冷水機など

設備・サービス

Wi-Fi▶館内完備
一人旅▶1泊2食13,500円～（休前日など受け入れ不可の場合あり）
バリアフリー▶対応客室あり（和洋2室）、館内完備
その他▶レストラン、売店、ラウンジ、カラオケルームなど

大展望風呂

展望デッキ

中部 長野県

ほりでーゆ〜 四季の郷
ほりでーゆー しきのさと

`温泉` `Wi-Fi` `バリアフリー` `一人旅` `ペット` `CARD`

☎0263-73-8500　fax:0263-73-8501
安曇野市堀金烏川11-1
予約●電話・HP・予約サイト　IN/OUT●15：00／10：00
HP●http://www.holiday-you.co.jp/

コテージやオートキャンプ場も完備

JR大糸線豊科駅より車で約15分
車▶中央自動車道経由長野自動車道安曇野ICより西へ約12km
P▶180台（無料）
送迎▶豊科駅または穂高駅から送迎あり（要予約）

料理

夕食▶和食会席料理各種。信州馬刺し、信州サーモン、信州牛ステーキなど、地元食材を使った追加料理もあり
朝食▶和風バイキング
子ども▶子どもメニューあり

安曇野の自然の中でゆったり過ごせる

　日本百名山の常念岳を一望する露天風呂や展望大浴場、ジャグジー、打たせ湯などがそろう温泉は、自家源泉の天然温泉。自然あふれる安曇野で、春は花、秋は紅葉、冬は雪景色と、四季折々に楽しめる。広々とした和室や洋室のほか、アルプス展望の客室も各種。コテージやオートキャンプ場はペット連れで利用できる。

宿泊料金
1泊2食（税・サ込）
大人　　　　　　13,200円〜
小人（小学生以下）9,405円〜
※休前日は2,200円増、繁忙期は4,400円増。入湯税150円（大人のみ）

客室●41室（バス付28室）
和33室　洋7室　和洋1室
設備・備品／トイレ、テレビ、冷蔵庫、電気ポット、タオル、歯ブラシ、カミソリ、ドライヤーなど

風呂●大浴場・露天風呂・サウナ
入浴／10:00〜22:00、6:00〜8:00
設備・備品／シャンプー、リンス、ボディーソープ、ドライヤー、ベビーベッドなど（有料）

アルプス展望の露天風呂

設備・サービス
Wi-Fi▶館内完備
一人旅▶1泊2食25,450円〜（入湯税込）
バリアフリー▶対応客室あり（和洋室、段差なしの洋室）
その他▶レストラン、売店、ギャラリー、コテージ、オートキャンプ場など

なべくら高原・森の家
なべくらこうげん　もりのいえ

Wi-Fi　バリアフリー　一人旅　CARD

☎0269-69-2888　fax:0269-69-2288
飯山市大字照岡1571-15
予約●HP・予約サイト　IN/OUT●14：00／10：00
HP●https://www.nabekura.net/

中部　長野県

森に囲まれたコテージ

広大な森の中にある自然体験施設

　森に囲まれた完全独立型のコテージで、ログハウスタイプや和室タイプなど、4タイプ10棟を完備。遊歩道「ブナの里山こみち」は車椅子やベビーカーでも散策できる。炭火パン作りや野菜収穫体験など、ファミリーで楽しめる体験プログラムも充実（要予約）。ブナの森を抜けると古民家の村があり、里山の風景も見どころだ。

宿泊料金
素泊まり2名利用の場合
1名（平日A料金）　　　8,500円
※未就学児無料。利用人数、宿泊日により異なる

秋の里山こみち

客室●コテージ10棟
和3室　ベッド3室　暖炉3室　ログハウス1
設備・備品／シャワーブース、トイレ、ストーブ（和室はコタツもあり）、扇風機、スピーカー、冷蔵庫、電子レンジ、炊飯器、コーヒーメーカー、トースター、調理器具・食器一式、エアコンなど

ベッドタイプの室内

JR飯山線戸狩野沢温泉駅よりタクシーで15分
車▶上信越自動車道豊田飯山ICより国道117号経由で約27km
P▶30台（無料）
送迎▶戸狩野沢温泉駅から送迎あり（要予約）

料理
食事は自炊で調理器具などを完備。別途下記プランあり
夕食▶いいやま湯滝温泉（食堂利用可、車で約10分）
朝食▶コンチネンタルブレックファースト1,000円（要予約）

設備・サービス
Wi-Fi▶コテージ内、センターハウス内で可能
一人旅▶1名1棟利用可能。12,000円（平日）～
バリアフリー▶センターハウス内はスロープ、エレベーター、多目的トイレ完備。コテージ前の遊歩道はウッドチップを敷き詰めたユニバーサルデザイン
その他▶センターハウス内にラウンジ＆喫茶、売店、ライブラリーなど

休暇村 乗鞍高原
きゅうかむら のりくらこうげん

中部 / 長野県

温泉 | Wi-Fi | バリアフリー | 一人旅 | CARD

☎0263-93-2304　fax:0263-93-2392
松本市安曇4307
予約●電話（6カ月前の同日10:00～）・HP・予約サイト　IN/OUT●15：00／10：00
HP●https://www.qkamura.or.jp/norikura/

北アルプスを望むヨーロッパ風の建物

JR松本駅よりアルピコ交通上高地線で約30分、終点新島々駅下車、休暇村行きバスで約60分、終点下車すぐ
車▶長野自動車道松本ICより国道158号を上高地・高山方面へ約30km、前川渡交差点を乗鞍高原方面へ約10km
P▶150台（無料）
送迎▶なし

原生林に囲まれた自然の中の宿

　標高3026mの北アルプス「乗鞍岳」の東麓にあり、休暇村の標高は約1600mと、全国の休暇村の中で最も高い場所に位置する。春から秋は乗鞍岳や上高地散策の拠点、冬は目の前がスキー場と、四季折々のダイナミックな自然の中で山岳リゾートが堪能できる。自家源泉の天然温泉「天峰の湯」には露天風呂も完備。

料理

夕食▶ご当地グルメ満載の信州うまいもんビュッフェなど
朝食▶バイキング
子ども▶バイキング

宿泊料金

1泊2食（税・サ込）
大人	15,000円～
小人（小学生）	8,000円
幼児（4歳以上）	4,000円

※土曜・祝日、GW、年末年始などは2,200～3,300円増（人数により変動）。入湯税150円（大人のみ）

客室●70室（バス付4室）
和42室　洋27室　和洋1室
設備・備品／トイレ、テレビ、冷蔵庫、電気ポット、タオル、浴衣、ドライヤーなど

風呂●大浴場・露天風呂
入浴／12:00～24:00
設備・備品／シャンプー、コンディショナー、ボディーソープ、ドライヤーなど

星空を楽しむ露天風呂

設備・サービス

Wi-Fi▶館内完備
一人旅▶1泊2食15,000円～
※特定日のみ
バリアフリー▶多目的トイレあり
その他▶レストラン、売店、ティーラウンジ、カラオケルームなど

浅間温泉 みやま荘
あさまおんせん みやまそう

`温泉` `Wi-Fi` `バリアフリー` `一人旅` `CARD`

☎0263-46-1547　fax:0263-46-7442
松本市浅間温泉3-28-6
予約●電話・HP・予約サイト　IN/OUT●15：00／10：00
HP●http://miyamaso.org/

宿から北アルプスの景観も楽しめる

アットホームでのんびりできる公共の宿

　松本の奥座敷として親しまれ、古い歴史をもつ信州松本あさま温泉の宿。ゆったりとした造りの客室でくつろげる。上高地や美ヶ原高原、安曇野など、信州の名所へのアクセスがよく、宿から出発する日帰りツアーも実施。館内では毎週火・木曜にロビーコンサートを開催し、夕食後のひとときを音楽とともに過ごせる。

宿泊料金
1泊2食（税・サ込）
大人	11,200円〜
小人（小学生）	7,650円
幼児（未就学児）	5,230円

※入湯税150円は別途

落ち着いた雰囲気の和室

客室● 36室（バス付20室）
和14室　洋20室　和洋2室
設備・備品／トイレ、テレビ、冷蔵庫、電気ポット、空気清浄機、タオル、浴衣、ドライヤーなど
※歯ブラシはご持参ください。

風呂● 大浴場・露天風呂
入浴／11：00〜24：00、5：00〜9：00
設備・備品／シャンプー、リンス、ボディーソープ、ドライヤー、足裏マッサージ機など

中部　長野県

JR松本駅より浅間温泉行きバスで約20分、浅間温泉下車徒歩約3分
車▶長野自動車道松本ICより国道158号など経由で約8km
P▶70台（無料）
送迎▶なし

料理

夕食▶レストラン「安曇野」で会席料理。一部バイキング形式
朝食▶お弁当形式
子ども▶お子様御膳、お子様ランチ、キッズプレートあり

設備・サービス
Wi-Fi▶館内完備
一人旅▶1泊2食11,700円〜
バリアフリー▶対応客室あり（洋1室）、館内一部対応
その他▶食事処、売店、宴会場、PCコーナーなど

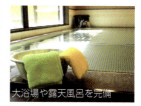
大浴場や露天風呂を完備

国民宿舎 松代荘
こくみんしゅくしゃ まつしろそう

中部 / 長野県

`温泉` `Wi-Fi` `バリアフリー` `一人旅`

☎026-278-2596　fax:026-278-3579
長野市松代町東条3541
予約●電話・HP・予約サイト　IN/OUT●15：00／10：00
HP●https://www.matusirosou.com/

冠木門をイメージした空間と日本庭園も魅力

長野の奥座敷でゆったりと過ごす

真田十万石の城下町、松代町にある国民宿舎。毎分740リットルを湧出する豊富な湯量の温泉は、黄金色の源泉で全国有数の成分含有量を誇る。すべての浴槽が源泉掛け流しで、宿泊者専用の露天風呂なども完備。周辺には真田宝物館や文武学校、真田邸（新御殿）、松代城跡などがあり、真田家の歴史に触れることができる。

JR信越本線長野駅より松代行きバスで約30分、松代駅下車、車で約5分
車▶上信越自動車道長野ICより県道35号経由で約2.5km
P▶60台（無料）
送迎▶10名以上の団体のみ送迎あり（要予約）

料理

夕食▶和風懐石料理
朝食▶和食バイキング
子ども▶お子様プレート

宿泊料金
1泊2食（税・サ込）
大人	10,050円〜
小人（小学生）	7,920円〜
幼児（3歳以上）	4,400円〜

※休前日大人1,080円、小人540円増
※上記は平日3名以上和室の場合。プランにより料金は異なる

客室●44室（バス付2室）
和14室 和モダン10室 洋14室 和洋6室
設備・備品／トイレ、テレビ、冷蔵庫、金庫、タオル、浴衣、丹前、歯ブラシなど

風呂●大浴場・露天風呂
入浴／15：00〜23：00、6：00〜8：00
設備・備品／シャンプー、リンス、ボディーソープ、ドライヤーなど。宿泊者専用風呂あり

設備・サービス
Wi-Fi▶館内完備
一人旅▶1泊2食10,820円〜
バリアフリー▶対応客室あり（洋1室）、館内一部完備
その他▶レストラン、売店、休憩処、カラオケルームなど

露天風呂

お湯の濃さが自慢の温泉（内風呂）

休暇村 越前三国
きゅうかむら えちぜんみくに

`温泉` `Wi-Fi` `バリアフリー` `一人旅` `CARD`

☎0776-82-7400　fax:0776-82-7401
坂井市三国町崎15-45

予約●電話（6カ月前の同日10：00～18：00）・HP・予約サイト　IN/OUT●15：00／10：00
HP●https://www.qkamura.or.jp/echizen/

中部 福井県

越前加賀海岸国定公園内に立地

JR北陸本線芦原温泉駅より京福バス東尋坊線三国観光ホテル前行きで約30分、休暇村越前三国下車すぐ
車▶北陸自動車道金津ICより東尋坊方面へ約17km
P▶70台（無料）
送迎▶なし

越前の味覚と温泉、街並みを楽しむ

　魚介類の宝庫、三国町にある休暇村。広々とした敷地内にはプールやオートキャンプ場、レンタルEバイクなどを完備しているので、アクティブに楽しめる。客室はすべてオーシャンビューで、料理は福井の山海の幸を四季折々に堪能。東尋坊をはじめ、越前松島や雄島など、車で5分もあれば、さらに日本海らしさを実感する絶景に出会える。

料理

夕食▶和洋ビュッフェ（時期により会席料理）
朝食▶和洋ビュッフェ
子ども▶和洋ビュッフェ（時期によりお子様定食・お子様ランチなどあり）

宿泊料金

1泊2食（税・サ込）

大人	17,500円～
小人（小学生）	8,000円
幼児（4歳以上）	4,000円

※上記大人料金は2名1室（平日）の1名料金。入湯税150円（大人のみ）

客室●70室（バス付11室）
和37室　洋19室　和洋14室
設備・備品／トイレ、テレビ、冷蔵庫、電気ポット、タオル、浴衣、歯磨きセットなど

風呂●大浴場・露天風呂
入浴／11：30～24：00、5：00～9：30
（金曜は9：30～14：30清掃）
設備・備品／シャンプー、リンス、ボディーソープ、ドライヤー、ベビーベッドなど

設備・サービス
Wi-Fi▶館内完備
一人旅▶1泊2食19,500円～
バリアフリー▶館内一部対応
その他▶レストラン、売店、喫茶、クラフトコーナーなど

テラスから眺める夕日

東尋坊三国温泉「荒磯の湯」庭園露天風呂

中部 福井県

国民宿舎 鷹巣荘
こくみんしゅくしゃ たかすそう

`温泉` `Wi-Fi` `バリアフリー` `一人旅`

☎0776-86-1111　fax:0776-86-1113
福井市蓑町3-11-1
予約●電話・HP・予約サイト　IN/OUT●15：00／10：00　水曜休み（祝日の場合は営業）
HP●https://www.takasusou.jp/

東尋坊や芝政ワールドへは車で約30分

福井の新鮮な魚介と温泉を満喫

　全室オーシャンビューで、日本海に沈む夕日を眺めながらゆっくりできる宿。源泉100％の掛け流し天然温泉は、珍しい飲める温泉で、全国から温泉ファンが訪れる。宿から続く海岸遊歩道や落差20mの断崖から流れ落ちる五太子の滝など、周辺に見どころもたくさん。鷹巣海水浴場まで車で5分。

JR北陸本線福井駅より小丹生行きバスで約50分、みの浦下車徒歩約5分
車▶北陸自動車道福井北ICより国道416・305号経由で約28km
P▶50台（無料）
送迎▶10名以上で送迎あり（要予約）

料理

夕食▶四季折々の旬の食材で作る会席料理。11〜3月には活蟹を使った越前蟹会席あり
朝食▶和定食
子ども▶お子様会席、お子様ランチ

宿泊料金
1泊2食（税・サ込）

大人	11,500円〜
小人（小学生）	7,000円〜
幼児（3歳以上）	4,500円〜

※休前日大人2,000円増、お盆、GWは特別料金。入湯税150円（大人のみ）

客室●12室
和12室
設備・備品／トイレ、テレビ、冷蔵庫、タオル、浴衣、歯ブラシ、ドライヤー、ハンドソープなど

風呂●大浴場・露天風呂
入浴／10：00〜23：00、6：00〜9：00
設備・備品／リンスインシャンプー、ボディーソープ、ドライヤーなど

設備・サービス
Wi-Fi▶館内完備
一人旅▶1泊2食13,500円〜
バリアフリー▶館内一部対応
その他▶レストラン、売店など

海を望む天然温泉でゆっくり

室内から日本海を一望

町営ホテル 流星館
ちょうえいほてる りゅうせいかん

`Wi-Fi` `一人旅` `喫 煙` `CARD`

☎0770-67-3000　fax:0770-67-3399
大飯郡おおい町名田庄納田終109-6-1
予約●電話・予約サイト　IN/OUT▶16：00／10：00　水曜休み
HP▶http://www.natasho.co.jp/ryuseikan/

夜は満天の星をながめながらのんびり

中部
福井県

JR小浜線小浜駅よりあいあいバス名田庄線で約40分、流星館（終点）下車すぐ
車▶（中部方面）北陸自動車道敦賀ICより国道162号経由で約68km（関西方面）舞鶴若狭自動車道大飯高浜ICより県道16号経由で約16km
P▶40台（無料）
送迎▶なし

ゆるやかに時間が流れる山間の宿

　敷地内にバーベキューハウスやテニスコートなどのスポーツ施設を完備する町営のホテル。星が美しいことから暦を司る安倍家が住んだといわれ、ホテルに隣接して、全国でも珍しい暦の資料館「おおい町暦会館」がある。風情のある茅葺民家やバンガロー（4～10月）もあるので、いろいろな楽しみ方ができる。

料 理

夕食▶旬の素材を使って季節感を取り入れた会席料理
朝食▶和食
子ども▶洋食メニューあり

宿泊料金

1泊2食（税・サ込）

大 人　　　　　9,420円

※上記は1泊2食2名1室の場合。12歳以下は大人料金の70％。幼児は寝具なしの場合無料（食事なし）

客室● 19室（全室バス・トイレ付）
洋19室
設備・備品／テレビ、電気ポット、タオル、浴衣、歯ブラシ、カミソリ、ドライヤーなど

風呂● 大浴場
入浴／16：00～23：00、6：00～9：00
設備・備品／シャンプー、リンス、ボディーソープ、ドライヤーなど

設備・サービス

Wi-Fi▶フロント周辺で可能
一人旅▶1泊2食10,470円～
その他▶レストラン、バーベキューハウス（3～11月）など

山に囲まれたテニスコート

中部 福井県

泰澄の杜
たいちょうのもり

温泉 Wi-Fi バリアフリー 一人旅 CARD

☎0778-34-2322　fax:0778-34-5800
丹生郡越前町小倉88-55-1
予約●電話・HP・予約サイト　IN/OUT●16：00／10：00　火曜休み（祝日は営業）
HP▶http://taichou-no-mori.jp/

小鳥のさえずりが聞こえる自然に囲まれた宿

JR北陸本線福井駅より織田駅方面行きの路線バスで約50分、泰澄の杜下車すぐ
車▶北陸自動車道鯖江ICより国道417号経由で約15km
P▶80台（無料）
送迎▶10名以上で送迎あり（要予約）

料理

夕食▶季節ごとに旬の食材を使った会席料理。11～3月は活がにを使用の越前がに会席もある
朝食▶和定食
子ども▶お子様会席、お子様ランチあり

温泉やスポーツが楽しめる複合施設

　施設名の由来にもなった白山開祖の泰澄大師ゆかりの地でもある越前町の宿泊施設。屋内ゲートボール場や全天候型バーベキュー場を完備する複合施設で、敷地内にはブドウ園もあり、8月中旬から9月下旬にはブドウ狩りが楽しめる。四季折々の日本海の魚介類が味わえ、2室ある露天風呂付き客室も家族連れに人気。

宿泊料金
1泊2食（税・サ込）
大人	11,300円～
小人（小学生）	7,000円～
幼児（3歳以上）	5,000円

※休前日大人・小人500円増、お盆・GWは特別料金。入湯税150円（大人のみ）

客室●11室（露天風呂付2室）
和11室
設備・備品／トイレ、テレビ、冷蔵庫、電気ポット、タオル、浴衣、歯ブラシ、ドライヤー、ハンドソープなど

風呂●大浴場・露天風呂・サウナ
入浴／6：00～23：00
設備・備品／シャンプー、リンス、ボディーソープ、ドライヤーなど

設備・サービス

Wi-Fi▶ロビーのみ可能
一人旅▶1泊2食11,800円～
バリアフリー▶館内一部対応
その他▶レストラン、売店、キッズコーナー、宴会場など

人気の露天風呂付き客室

屋根付きなので雨の日も安心

しきぶ温泉 湯楽里

しきぶおんせん ゆらり

中部 福井県

`温泉` `Wi-Fi` `バリアフリー` `一人旅` `CARD`

☎0778-25-7800　fax:0778-25-7801
越前市白崎町68-8
予約●電話・HP・予約サイト　IN/OUT●16:00／10:00　第2水曜休み（祝日の場合は翌日）
HP●http://yurari-yu.jp/

緑の中に建つ静かな温泉宿

多彩な浴槽の「美人の湯」でゆっくり

　緑に囲まれた閑静なロケーションの湯宿。違う温度の浴槽5種類のほか、寝湯、薬湯、露天風呂など10種類の浴槽がある天然温泉で疲れを癒そう。食事は北陸の食材や日本海の豊富な海産物を堪能。車で15〜30分のところには、越前そばの里や越前和紙の里があり、そば打ち体験や和紙漉き体験が楽しめる。

JR北陸本線武生駅より湯楽里行きシャトルバスで約20分
車▶北陸自動車道武生ICより国道8号（福井バイパス）経由で約8km
P▶188台（無料）
送迎▶無料シャトルバスあり（1日2往復、休館日運休）

宿泊料金

1泊2食（税・サ込）
- 大人　　　　　　11,500円〜
- 小人（6〜14歳）　 5,800円〜
- 幼児（3歳以上）　 5,100円〜

※上記は3名1室の1名料金。休前日1,100円増、入湯税150円（大人のみ）

36〜45度の温度差浴槽がある

客室●12室
和10室・和洋2室
設備・備品／トイレ、テレビ、冷蔵庫、金庫、タオル、浴衣、歯ブラシ、ドライヤーなど

風呂●大浴場・露天風呂・サウナ
入浴／6:00〜23:00（最終受付22:00）
設備・備品／リンスインシャンプー、ボディーソープ、ドライヤーなど

料理

夕食▶旬の素材や地場産の食材を豊富に使ったおすすめコース（宿泊スタンダードプラン）
朝食▶和定食
子ども▶ワンプレートやお弁当タイプのメニューあり

設備・サービス

Wi-Fi▶客室棟・ロビー可能
一人旅▶ビジネスプラン1泊2食8,280円〜（平日限定）
バリアフリー▶一部対応客室あり（和洋2室）
その他▶レストラン、軽食コーナー、売店、漫画コーナーなど

5〜10月に開設するバーベキュー場

花はす温泉 そまやま
はなはすおんせん そまやま

中部 福井県

温泉 | Wi-Fi | バリアフリー | 一人旅 | CARD

☎ 0778-47-3368　fax:0778-47-3801
南条郡南越前町中小屋60-1
予約●電話・HP・予約サイト　IN/OUT●16:00／10:00　火曜休み
HP●https://www.hanahasu.jp/

緑あふれる南越前の大自然につつまれた公共の宿

JR北陸本線南条駅より車で約10分
車▶北陸自動車道今庄ICまたは南条スマートICより県道202号経由で約5km
P▶200台（無料）
送迎▶南条駅から送迎あり（要予約）

料理

夕食▶福井の恵まれた山海の幸に、特産のはすを盛り込んだ和食会席など。食事は、食事処はす乃家（大人数の場合は宴会場花蓮の間）で
朝食▶和食膳
子ども▶お子様ランチ2タイプ

美しい花はすと福井の山海の幸を楽しむ

世界の花はす130種が集められた「花はす公園」がすぐ隣にあり、夏の開花シーズンには色とりどりの花はすが美しく咲き誇る。地下1000mから湧き出る温泉や四季折々の景色が楽しめる露天風呂をはじめ、南越前の山海の幸をふんだんに取り入れた料理が自慢。敷地内にはバーベキュー場やテニスコートも完備している。

宿泊料金

1泊2食（税・サ込）
大人	10,450円〜
小人（3歳〜小学生）	6,600円〜
幼児（3歳未満）	4,400円〜

※休前日2,090円増。入湯税150円（大人のみ）

季節を肌で感じる自然に囲まれた大露天風呂

客室●16室
和14室 洋2室
設備・備品／トイレ、冷蔵庫、タオル、浴衣、歯ブラシ、ドライヤーなど

風呂●大浴場・露天風呂・サウナ
入浴／6:00〜23:00
（日帰りは8:00〜22:00）
設備・備品／シャンプー、リンス、ボディーソープ、ドライヤーなど

設備・サービス

Wi-Fi▶館内完備
一人旅▶追加料金1,500円〜
バリアフリー▶館内一部対応
その他▶レストラン、売店、バーベキュー場、テニスコートなど

7〜8月に「はすまつり」を開催

中部 石川県

いこいの村 能登半島
いこいのむら のとはんとう

`温泉` `Wi-Fi` `バリアフリー` `一人旅` `CARD`

☎0767-32-3131　　fax:0767-32-3134
羽咋郡志賀町 志賀の郷温泉
予約●電話・HP・予約サイト　IN/OUT●15：00／10：00
HP●http://www.noto-ikoinomura.com/

子どもから大人まで思いきり楽しめる宿

充実のレジャー施設と温泉を満喫

　美しい緑、青い海、能登随一のリゾートエリア、志賀の郷温泉。東京ドーム7個分の広大な敷地にはファミリーパーク（遊園地）があり、ゴーカート、ファミリーサイクル、バドミントン、グラウンドゴルフ、夏季はプールも楽しめる。「温まりの湯・美肌の湯」と呼ばれる温泉と、能登の幸たっぷりの料理も自慢。

宿泊料金
1泊2食（税・サ込）
大人	11,000円〜
小人（小学生）	6,600円〜
幼児（3〜6歳）	5,200円〜

※休前日1,000円増。入湯税150円（大人のみ）

美肌効果の天然温泉

客室●42室（バス付8室）
和36室　洋2室　和洋4室
設備・備品／トイレ、テレビ、冷蔵庫、電気ポット、タオル、浴衣、歯ブラシなど

風呂●大浴場・露天風呂・サウナ
入浴／15：00〜24：00
設備・備品／シャンプー、リンス、ボディーソープ、ドライヤーなど

JR七尾線羽咋駅より車で約25分
車▶のと里山海道西山ICより県道116号経由で約9km
P▶200台（無料）
送迎▶JR羽咋駅から送迎あり（要予約、2名以上）

料理

能登の味覚を堪能

夕食▶多彩な食事会場で能登の食材を生かした会席料理
朝食▶朝食会場でバイキング形式※和定食の場合あり
子ども▶子ども用あり

設備・サービス
Wi-Fi▶館内完備
一人旅▶1泊2食8,500円〜
バリアフリー▶対応客室あり
その他▶レストラン、スナック、売店、ゲームコーナー、卓球、カラオケ、麻雀、宴会場など

ゴーカート

中部 石川県

珠洲温泉 のとじ荘
すずおんせん のとじそう

`温泉` `Wi-Fi` `一人旅` `喫煙` `CARD`

☎0768-84-1621　fax:0768-84-1620
珠洲市宝立町鵜飼1-30-1
予約●電話・HP・予約サイト　IN/OUT●15：00／10：00
HP●https://notojiso.com/

玄関を入ると目の前に広大な日本海が見える

JR北陸本線金沢駅西口より特急バスすずなり館前行きで約180分、珠洲鵜飼下車、徒歩約15分
車▶北陸自動車道金沢東ICよりのと里山海道のと里山空港IC経由で約130km
P▶70台（無料）
送迎▶16時台の特急バスのみ、珠洲鵜飼バス停から送迎あり（要予約）

能登半島の雄大な景色が楽しめる宿

　ロビーから日本海と見附島を一望する能登半島の宿。能登の港でとれた新鮮な魚介類など、地元の食材を使った地産地消の料理も自慢のひとつ。夜には大浴場の露天風呂「弘法の湯」からライトアップされた見附島をながめながら、ゆっくりと温泉につかるのも楽しみ。プライベート露天風呂付きの和室もある。

宿泊料金
1泊2食（税・サ込）

大人	11,150円〜
小人（小学生）	7,150円〜
幼児（1歳以上）	5,170円〜

※休前日など13,350円〜。部屋や利用人数によって変動あり（入湯税含）

絶景露天風呂「弘法の湯」

客室●29室（バス付6室）
和4室　洋20室　和洋5室
設備・備品／トイレ、冷蔵庫、テレビ、電気ポット、タオル、浴衣、歯ブラシ、ドライヤーなど

風呂●大浴場・露天風呂・サウナ
※露天風呂とサウナは男女日替
入浴／15：00〜24：00、6：00〜9：00
設備・備品／シャンプー、リンス、ボディーソープなど

料理

夕食▶料理長厳選の地元の食材を使った料理など
朝食▶和食
子ども▶子ども用料理あり

設備・サービス

Wi-Fi▶館内完備
一人旅▶1泊2食11,150円〜
バリアフリー▶館内対応なし、多目的トイレあり
その他▶レストラン（宿泊者のみ）、売店、ラウンジ、卓球台、コインランドリーなど

ホテルのときんぷら

中部 石川県

Wi-Fi　バリアフリー　一人旅　CARD

☎0768-74-0051　fax:0768-74-1370
鳳珠郡能登町字越坂11-51
予約●電話・HP・予約サイト　IN/OUT●15：00／10：00
HP●https://www.notokin.jp/

お風呂は温浴効果の高い「のと海洋深層水」

のと鉄道穴水駅より路線バスで約80分、勤労者プラザ前下車すぐ
車▶のと里山海道のと里山空港ICより珠洲道路経由で約40km
P▶100台（無料）
送迎▶あり（要相談）

料理

夕食▶会席料理・炉端料理から選択可能
朝食▶和定食
子ども▶幼児〜低学年向けと高学年向けの2種類あり

能登の海と里山の幸を満喫

日本百景のひとつ、国定公園九十九湾のそばに建つ宿泊施設。ホテルから10分ほどのところに湾の遊歩道があり、散策や湾内を周遊する遊覧船が楽しめる。料理は、築100年以上の古民家を移築した「もちの木亭」の炉端焼きが人気。カニや甘えび、ブリなど、能登ならではの新鮮な魚介類や能登牛などが味わえる。

宿泊料金

1泊2食（税・サ込）
大人　　　　　　8,890円〜
小人（小学生）　6,000円〜
※未就学児は寝具・食事なしの場合無料。休前日1,040円増、GW、お盆、年末年始1,570円増。入湯税なし

客室● 26室（全室バス・トイレ付）
和24室　洋1室　和洋1室
設備・備品／テレビ、冷蔵庫、電気ポット、タオル、浴衣、歯ブラシ、ドライヤーなど

風呂● 大浴場・露天風呂
入浴／13：30〜22：00（日帰りは17：30まで）、6：00〜8：30
設備・備品／シャンプー、リンス、ボディーソープ、ドライヤーなど

設備・サービス

Wi-Fi▶フロント周辺のみ可能
一人旅▶1泊2食9,930円〜
バリアフリー▶対応客室あり（洋1室）、館内一部対応
その他▶レストラン、炉端焼処、バーラウンジ、会議室など

バーラウンジ

炉端焼きが楽しめる「もちの木亭」

国民宿舎 能登小牧台
こくみんしゅくしゃ のとおまきだい

中部 石川県

温泉 | バリアフリー | 一人旅 | CARD

☎0767-66-1121　fax:0767-66-1122
七尾市中島町小牧井部55
予約●電話・HP・予約サイト　IN/OUT●15：00／10：00
HP●https://www.noto-omakidai.com/

客室から穏やかな七尾北湾が眼下に広がる

JR七尾線七尾駅よりのと鉄道で西岸駅下車、徒歩約15分
車▶のと里山海道横田ICより県道256号経由で約6.5km
P▶55台（無料）
送迎▶西岸駅から送迎あり（要予約）

海の眺めと能登観光が楽しめる

　能登半島の真ん中、七尾市中島町に位置する全室オーシャンビューの宿。七尾湾を望む館内の大浴場（内湯・露天）のほか、筒湯や箱湯などがある姉妹館の「なかじま猿田彦温泉いやしの湯」も隣接する（火曜休）。輪島朝市をはじめとする奥能登や、イルカショーが人気の「のとじま水族館」など、能登観光に便利な立地。

宿泊料金
1泊2食（税・サ込）
大人　　　　　　　10,900円～
小人（小学生）　　 8,800円～
幼児（未就学児）　 6,600円～
※土曜、休前日、年末年始、GW、夏休みは特別料金。入湯税150円（大人のみ）

客室●20室（バス付6室）
和9室　洋9室　和洋2室
設備・備品／トイレ、テレビ、冷蔵庫、金庫、タオル、浴衣、丹前、歯ブラシなど

風呂●大浴場・露天風呂・サウナ
入浴／15：00～23：00、5：00～9：00
設備・備品／シャンプー、コンディショナー、ボディーソープ、ドライヤーなど

潮風が心地よい露天風呂

料理

夕食▶気軽な和定食から季節のおすすめ会席まで、数種類から選択可能
朝食▶滋味豊かな個人食
子ども▶お子様定食、幼児ランチ

設備・サービス

Wi-Fi▶なし
一人旅▶要問い合わせ
バリアフリー▶館内一部対応
その他▶レストラン、売店、バーベキューハウスなど

おみやげが並ぶ売店

休暇村 能登千里浜
きゅうかむら のとちりはま

`温泉` `Wi-Fi` `バリアフリー` `一人旅` `CARD`

☎0767-22-4121　fax:0767-22-4314

羽咋市羽咋町オ70

予約●電話（6カ月前の同日10：00〜）・HP・予約サイト　IN/OUT▶15：00／10：00

HP▶https://www.qkamura.or.jp/noto/

波打ち際のドライブウェイも魅力の海辺リゾート

能登半島の豊かな自然を満喫

　能登半島の入口、千里浜にある休暇村。温泉は自家源泉掛け流し温泉の「なみなみの湯」。つぼ湯の露天風呂もある。館内には天文台「シリウス」があり、毎晩天体観測会を実施（雨天曇天時はお話会）。屋外施設のキャンプ場では、用具や食材一式がセットになったプランもあり、手ぶらでキャンプが楽しめる（夏季のみ）。

宿泊料金

1泊2食（税・サ込）

大人	14,000円〜
小人（小学生）	8,000円〜
幼児（4歳以上）	4,000円〜

※土曜、シーズン日2,200円増、トップシーズン3,300円増。大人1名1泊につき入湯税150円（大人のみ）

日本海に沈む美しい夕日

客室●67室（バス付13室）
和37室　洋9室　和洋21室
設備・備品／トイレ、電気ポット、テレビ、冷蔵庫、タオル、浴衣、ドライヤーなど

風呂●大浴場・露天風呂
入浴／12:00〜24:00、5:00〜9:00
設備・備品／シャンプー、トリートメント、ボディーソープ、炭洗顔クリーム、ドライヤーなど

中部　石川県

JR七尾線羽咋駅より車で約7分
車▶北陸自動車道金沢森本ICよりのと里山海道柳田IC経由で約43km
P▶200台（無料）
送迎▶羽咋駅から送迎あり（要予約）

料理

夕食▶和定食、季節の会席。お子様会席（小学生）、キッズプレート（4〜6歳）
朝食▶ビュッフェ

設備・サービス

Wi-Fi▶館内完備
一人旅▶1泊2食15,000円〜
バリアフリー▶館内一部対応
その他▶売店、天文台、キッズコーナーなど

中部 富山県

八尾ゆめの森ゆうゆう館
やつおゆめのもりゆうゆうかん

`温泉` `Wi-Fi` `バリアフリー` `一人旅` `CARD`

☎076-454-3330　fax:076-454-7557
富山市八尾町下笹原678-1
予約●電話・HP・予約サイト　IN/OUT●15:00/10:00
HP●https://www.uu-kan.com/

広々としたゆめの森で自然とふれあえる

富山の観光と祭り、料理を満喫

　富山県の中心、おわら風の盆で有名な八尾にある宿泊施設。黒部渓谷や立山黒部アルペンルートなど、富山の主要観光地まで車で約60分の立地で、観光拠点としても便利。天然温泉の大浴場では、露天風呂や五右衛門風呂が楽しめる。富山の海の幸や富山産コシヒカリなどを使った料理で、地元の味を堪能したい。

JR高山本線越中八尾駅よりコミュニティバス環状線で約30分、ゆうゆう館下車すぐ
車▶北陸自動車道富山ICより南へ約5km
P▶150台(無料)
送迎▶なし

料理

夕食▶富山湾の海の幸、地元の山の幸を使った料理
朝食▶和定食。ソフトドリンク、コーヒーはセルフサービス
子ども▶子ども用メニューあり

宿泊料金

1泊2食（税・サ込）
大人　　　　　　12,100円～
小人（小学生）　 6,820円～
※幼児は寝具・食事など実費。休前日などは別料金。入湯税150円（大人のみ）

大浴場の「曳山の湯」

客室●20室（バス付4室）
和16室　洋4室
設備・備品／洗浄機付トイレ、テレビ、冷蔵庫、加湿器付き空気清浄機、タオル、浴衣など

風呂●大浴場・露天風呂・サウナ
入浴／15:00～23:00、5:30～9:00
設備・備品／シャンプー、リンス、ボディーソープ、ドライヤーなど

設備・サービス

Wi-Fi▶館内完備
一人旅▶1泊食12,100円～
バリアフリー▶対応客室あり（洋1室）。館内一部対応
その他▶まんがコーナー、ソリーゲレンデ、体験工房など

特産物販売コーナー

中部 富山県

五箇山温泉 国民宿舎 五箇山荘
ごかさんおんせん こくみんしゅくしゃ ごかさんそう

温泉 | Wi-Fi | バリアフリー | 一人旅 | CARD

☎0763-66-2316　fax:0763-66-2717
南砺市田向333-1

予約●電話・HP・予約サイト　IN/OUT●15：00／10：00
HP● https://www.gokasansou.com/

JR城端線新高岡駅より世界遺産バス五箇山白川郷行きで約70分、上梨下車、徒歩約5分
車▶東海北陸自動車道五箇山ICより国道156号経由で約7km
P▶35台（無料）
送迎▶なし

世界遺産に近い山あいの宿

四季折々の自然と伝統を体感

　のどかな風景が広がる山に囲まれた温泉宿。世界文化遺産の合掌造り集落「相倉」と「菅沼」の中間に位置し、どちらも車で10分ほどで行ける。五箇山は民謡「こきりこ」でも有名で、毎週3回、五箇山民謡体験を実施（木・金・日曜、20：00〜）。自然と伝統に触れながら、露天風呂完備の天然温泉でのんびりできる。

料理

夕食▶山菜・川魚を中心に、富山の海・山の食材を使った和食
朝食▶和食
子ども▶小学生と幼児でメニューが異なる

宿泊料金

1泊2食（税・サ込）

大人	14,500円〜
小人（小学生）	10,150円〜
幼児（5歳以上）	5,800円〜

※土曜、休前日1,500円増。年末年始3,000円増

客室●21室（バス付2室）
和8室　洋11室　和洋2室
設備・備品／トイレ、テレビ、冷蔵庫、電気ポット、タオル、浴衣、カミソリなど

風呂●大浴場・露天風呂・サウナ
入浴／13：00〜20：00
設備・備品／シャンプー、コンディショナー、ボディーソープ、ドライヤー、冷水機など

設備・サービス

Wi-Fi▶館内完備
一人旅▶1泊2食16,700円〜
バリアフリー▶対応客室あり
その他▶レストラン、売店、おみやげコーナー、休憩室など

五箇山民謡体験

自然の中の露天風呂

中部 富山県
国民宿舎 天望立山荘
こくみんしゅくしゃ てんぼうたてやまそう

`Wi-Fi` `バリアフリー` `一人旅` `CARD`

☎076-442-3535　fax:076-405-6828
中新川郡立山町弥陀ケ原
予約●電話・HP・予約サイト　IN/OUT●15：00／9：00　11月初旬～4月中旬は冬季休業
HP●https://www.tateyama-so.jp/

建築家吉阪隆正設計の特徴的な流線形の屋根は自然に溶け込むデザイン

富山地方鉄道立山駅より立山ケーブルカーで約60分、弥陀ケ原駅下車徒歩1分
車▶国立公園内（立山黒部アルペンルート）はマイカー乗入れ禁止。立山駅、扇沢駅周辺の駐車場利用
送迎▶なし

日本最高所、標高1940mの国民宿舎

残雪の山々、夏を彩る高山植物、紅葉など四季折々の風景を楽しめる立山黒部アルペンルート内にある宿。1人でもグループでも利用でき、周辺のラムサール条約登録湿地「弥陀ヶ原」の散策や登山などの拠点に最適。早朝の空気や雲海に沈む夕日の美しさ、満天の星空は、言葉を失うほど。

料理

夕食▶レストランで和洋食
朝食▶レストランで和洋食
子ども▶お子様向け和洋食あり

宿泊料金
1泊2食（税・サ込）
大人	13,400円～
小人（小学生）	7,600円～
幼児（未就学児）	4,000円

※季節により変動あり。幼児（寝具食事なし）無料。ベッドメイキングはセルフサービス

客室　●27室（バス・トイレなし）
和11室　洋16室
設備・備品／テレビ、電気ポット、歯ブラシセット、タオル、浴衣など

風呂　●大浴場
入浴／15：00～22：00
設備・備品／リンスインシャンプー、ボディーソープ、ドライヤーなど

設備・サービス
Wi-Fi▶館内共用スペースで利用可能
一人旅▶1泊2食13,400円～
バリアフリー▶対応客室あり。介助犬可
その他▶レストラン、喫茶コーナー、自然学習ルーム、ナチュラリスト解説室、自動販売機など

雲海に沈む夕日

雪の中の立山荘（春）

中　国

鳥取県 ----------------------------- 86

島根県 ----------------------------- 89

岡山県 ----------------------------- 91

広島県 ----------------------------- 95

山口県 ----------------------------- 98

中国 鳥取県

休暇村 奥大山
きゅうかむら おくだいせん

Wi-Fi バリアフリー 一人旅 CARD

☎0859-75-2300　fax:0859-75-2310
日野郡江府町御机字鏡ヶ成709-1
予約●電話（6カ月前の同日9:00～）・HP・予約サイト　IN/OUT●15:00／10:00
HP●https://www.qkamura.or.jp/daisen/

山のマイナスイオンをたっぷり吸収できる

JR伯備線江尾駅より車で約25分
車▶米子自動車道蒜山ICより蒜山大山スカイライン経由で約13km（冬期は迂回し約18km）、江府ICより約18km
P▶200台（無料）
送迎▶江府IC～江尾駅～根雨駅間で送迎あり（要予約）

料理

夕食▶メイン料理とハーフビュッフェ（時期や宿泊人数によりビュッフェまたはオーダービュッフェに変更）
朝食▶和洋ビュッフェ（宿泊人数によってセットメニューに変更）
子ども▶小学生ディナー、キッズディナー

設備・サービス

Wi-Fi▶館内完備
一人旅▶1泊2食16,000円～
バリアフリー▶多目的トイレ（2階）、車椅子貸し出しあり
その他▶売店、宴会場、キッズコーナーなど

大山山麓の自然の恵みをたっぷり満喫

西日本のマッターホルンと呼ばれる「烏ケ山（からすがせん）」の麓、ブナやミズナラの原生林に囲まれた標高920mの高原にある宿。天然水風呂は、硬度およそ13の超軟水で肌触り抜群のなめらかな湯。日本最古の神山・大山や、2018年に創建1300年を迎えた大山寺へもアクセス抜群。周辺ウォーキングコースも整備されている。

宿泊料金

1泊2食（税・サ込）

大人	13,000円
小人（小学生）	7,000円
幼児（3歳以上）	3,500円

※上記は大人2名1室利用の場合。休前日2,200円増、トップシーズン3,300円増

客室●50室（バス付6室）
和47室　洋1室　和ツイン2室
設備・備品／トイレ、テレビ、冷蔵庫、電気ポット、タオル、バスタオル、浴衣、カミソリなど

風呂●大浴場
入浴／13:00～24:00、5:00～9:00
設備・備品／シャンプー、コンディショナー、ボディーソープ、ドライヤーなど

天然水風呂を楽しめる

晴れた日には満天の星を楽しめる

国民宿舎 水明荘
こくみんしゅくしゃ すいめいそう

`温泉` `Wi-Fi` `バリアフリー` `一人旅` `CARD`

☎0858-32-0411　fax:0858-32-0130
東伯郡湯梨浜町旭132

予約●電話・FAX・HP・予約サイト　IN/OUT●15：00／10：00
HP●https://www.suimeiso.jp

中国 鳥取県

湖畔の散策を楽しむことができる

JR山陰本線松崎駅より徒歩約3分
車▶米子自動車道湯原ICより約46km、中国自動車道院庄ICより国道179号経由で約65km
P▶75台（無料）
送迎▶あり（宿泊者10人以上、要相談）

東郷温泉の湯を堪能できる歴史深い宿

　日本で第1号の歴史ある国民宿舎。鳥取県随一の美しい湖、東郷湖のほとりに建ち、客室からは湖畔の眺望を楽しめる。新鮮な掛け流しの天然温泉「東郷温泉」の湯は、露天風呂はもちろん、家族風呂も利用でき、ゆっくり体を癒すことができる。宿の北口からすぐの東郷湖畔公園では、足湯や温泉卵も堪能できる。

料理

夕食▶日本海の新鮮な魚介類や新鮮野菜などが満載の和風会席料理。冬期はカニ料理も味わえる
朝食▶レストランで和定食
子ども▶お子様ランチ1,100円、お子様スペシャル2,750円

宿泊料金

1泊2食（税・サ込）

大人	10,050円〜
小人（小学生）	7,920円〜

※幼児（3〜6歳）は実費。休前日は大人13,350円〜。シーズン、人数や食事内容によって料金が異なる

客室●39室
和22室　洋16室　和洋1室
設備・備品／トイレ、テレビ、冷蔵庫、電気ポット、タオル、浴衣、茶器セットなど

風呂●大浴場・露天風呂
入浴／15：00〜23：00、5：30〜9：00
設備・備品／リンスインシャンプー、ボディーソープ、ドライヤー、ベビーベッドなど

設備・サービス

Wi-Fi▶館内完備
一人旅▶1泊2食10,600円〜
バリアフリー▶対応客室あり（和洋1室）、バリアフリー対応家族風呂、車椅子の貸し出しあり
その他▶レストラン、宴会場、会議室、売店など

バリアフリー対応室

中国 鳥取県

白兎会館
はくとかいかん

`温泉` `Wi-Fi` `一人旅` `CARD`

☎0857-23-1021　fax:0857-23-1594
鳥取市末広温泉町556
予約●電話・HP・予約サイト　IN/OUT●15：00／10：00
HP▶ https://www.hakutokaikan.com/

徒歩圏内にも観光地が多数ある

JR山陰本線鳥取駅より徒歩約10分
車▶鳥取自動車道鳥取ICより約7km
P▶80台（無料）
送迎▶なし

天然温泉でくつろげるアクセス抜群の宿

　JR鳥取駅から徒歩10分という市街地にありアクセス良好の宿。仁風閣、県立博物館、わらべ館など、鳥取を代表する観光名所にも近く便利だ。源泉かけ流しの温泉で、切り傷・皮膚乾燥症などに効果が期待され、更に美肌効果があるとされる炭酸水素塩泉も含まれている。この宿を鳥取観光の拠点にしたい。

宿泊料金

1泊2食（税・サ込）

大人	12,800円〜
小人（小学生）	7,900円〜
幼児（小学生未満）	4,900円

※入湯税150円（中学生以上）
※土曜、休前日、連休など1,000〜3,000円増

客室●28室（全室バス・トイレ付）
和10室　洋17室　和洋1室

設備・備品／テレビ、冷蔵庫、タオル、バスタオル、ドライヤー、浴衣など

風呂●大浴場

入浴／16:00〜24:00、6:00〜9:00
設備・備品／シャンプー、コンディショナー、ボディーソープ、ドライヤーなど

料　理

夕食▶会席料理
朝食▶和定食
子ども▶幼児用メニュー、小学生用メニューあり

設備・サービス

Wi-Fi▶館内完備
一人旅▶1泊2食12,800円〜
その他▶レストラン、コーヒーラウンジ、売店、セルフランドリーなど

源泉かけ流し天然温泉

鳥取砂丘まで約7km

八雲温泉 ゆうあい熊野館
やくもおんせん ゆうあいくまのかん

`温泉` `Wi-Fi` `バリアフリー` `一人旅` `喫煙` `CARD`

☎0852-54-0140　fax:0852-54-1120
松江市八雲町熊野773-1
予約●電話・HP・予約サイト　IN/OUT●16：00／10：00
HP●https://www.kumanokan.jp/

館内には、朝採れ野菜などを販売する「くまの産直市」などもある

JR山陰本線松江駅より一畑バス八雲車庫下車、八雲ニコニコバスに乗り換え、熊野大社前下車すぐ
車▶山陰自動車道東出雲ICより県道53号経由で約10km、松江東ランプより約10km
P▶50台（無料）
送迎▶なし

中国 島根県

四季折々の風情を楽しめるくつろぎの温泉宿

　出雲神話のふるさと、出雲國一之宮で素戔嗚尊を祭神とする熊野大社からすぐの温泉宿。八雲温泉は、広々とした大浴場と日本庭園をイメージした2種類の露天風呂が自慢。日ごとに男湯と女湯が入れ替わるので、両方の風情を楽しむことができる。周辺には、手打ちそば体験道場「八雲ふるさと館」もある。

宿泊料金
1泊2食（税・サ込）
大人　　　　　　　　11,400円〜
小人（小学生）　　　 7,450円
幼児（3歳以上）　　　5,800円
※正月、お盆、GWは大人12,500円〜

明るく開放感のある大浴場

客室●20室（バス付12室）
和8室　洋12室
設備・備品／トイレ、テレビ、冷蔵庫、電気ポット、タオル、浴衣など

風呂●大浴場・露天風呂
入浴／16：00〜22：00、6：00〜8：00
日帰り入浴10：00〜21：00（最終受付20：30）
設備・備品／リンスインシャンプー、ボディーソープなど

料理

夕食▶季節の食材を使った和風会席コース。食事はお食事処または宴会場で
朝食▶和定食
子ども▶子ども膳2,750円〜

設備・サービス
Wi-Fi▶館内完備
一人旅▶1泊2食11,400円〜
バリアフリー▶機能回復風呂あり（入浴料1,200円、要予約）、館内対応なし
その他▶お食事処、宴会場、売店、多目的広場（屋根付きゲートボール場）など

中国 島根県

国民宿舎 さんべ荘
こくみんしゅくしゃ さんべそう

`温泉` `Wi-Fi` `バリアフリー` `一人旅` `CARD`

☎0854-83-2011　　fax:0854-83-3151
大田市三瓶町志学2072-1
予約●電話・HP・予約サイト　IN/OUT●15:00／10:00
HP●https://www.sanbe-sou.jp/

館内はユニバーサルデザインを採用

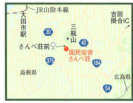

JR山陰本線大田市駅より石見交通バス三瓶線で約45分、国民宿舎さんべ荘前下車すぐ
車▶松江自動車道吉田掛合ICより約33km
P▶70台（無料）
送迎▶なし

三瓶温泉の多彩な風呂を楽しめる宿

　国立公園南三瓶山麓に建ち、四季折々の豊かな自然を感じられる宿。こんこんと湧き出る三瓶温泉を源泉掛け流しの湯で堪能でき、露天風呂では男女合わせて16種類の趣の異なる風呂を楽しめる。食事は、海の幸、山の幸をおりまぜた和食を中心に提供し、特に、館内でスタッフが毎日手打ちする三瓶そばがおすすめ。

料理

夕食▶レストランで和会席
朝食▶和定食
子ども▶お子様ランチ

宿泊料金

1泊2食（税・サ込）
大人　　　　　　11,350円〜
小人（小学生）　　 8,200円〜
※幼児（3歳以上）は4,500円（2食付）。休前日大人13,450円〜、小人9,300円〜、幼児は同額。入湯税150円（大人のみ）

客室●30室（バス付7室・部屋温泉付4室）
和12室　洋8室　和洋10室
設備・備品／トイレ、テレビ、電気ポット、お茶セット、タオル、浴衣、カミソリなど

風呂●大浴場・露天風呂・サウナ
入浴／15:00〜23:00、6:00〜9:00
設備・備品／シャンプー、コンディショナー、ボディーソープなど

設備・サービス

Wi-Fi▶館内完備
一人旅▶1泊2食12,850円〜
バリアフリー▶対応客室あり（洋1室）
その他▶レストラン、宴会場、売店など

南側の部屋からは雲海を望める

露天酒樽風呂

作東バレンタインホテル
さくとうばれんたいんほてる

Wi-Fi　バリアフリー　一人旅　CARD

☎0868-75-1115　fax:0868-75-1116
美作市江見993
予約●電話・HP・予約サイト　IN/OUT●15：00／10：00　第3月曜休み
HP●http://www.hotel-valentine.jp/

中国　岡山県

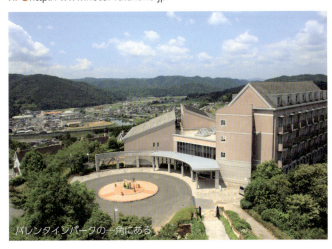
バレンタインパークの一角にある

日常の喧騒から離れてオフタイムを満喫

　小高い丘の上に佇むプチ・リゾートホテル。客室からは、中国山地を望み、手が届きそうな木立と満天の星空、季節によっては雲海に出会うことができる。一番の自慢は、シェフ渾身のフランス料理。また、芝生広場、図書館、テニスコートなどを備えた施設の一角にあり、のんびり過ごせる。

宿泊料金
1泊2食（税・サ込）

大人	11,550円〜
小人（小学生）	7,150円〜
幼児（4・5歳）	5,940円〜

森林浴気分が味わえる大浴場

客室●24室（全室バス・トイレ付）
和7室　洋13室　和洋4室
設備・備品／テレビ、冷蔵庫、電気ポット、タオル、浴衣、茶器セットなど

風呂●大浴場
入浴／15:00〜23:00
設備・備品／シャンプー、コンディショナー、ボディーソープなど

JR姫新線美作江見駅より車で約5分
車▶中国自動車道作東ICより県道365号経由で約3km
P▶100台（無料）
送迎▶美作江見駅、作東高速バス停留所から送迎あり（要予約）

料理

バレンタイン会席

夕食▶地元で採れた野菜を中心に旬の素材を生かした本格フレンチのコース料理（月替わり）または和洋会席料理。食事はレストランで
朝食▶朝食膳またはビュッフェ
子ども▶子ども用コースメニュー

設備・サービス

Wi-Fi▶館内完備
一人旅▶休前日や繁忙期以外対応。1泊2食12,650円〜
バリアフリー▶対応客室あり（洋ツイン1室）、館内完備
その他▶レストラン、ティーラウンジ、宴会場、会議室、売店など

レストラン

中国 岡山県

休暇村 蒜山高原 本館
きゅうかむら ひるぜんこうげん ほんかん

温泉 Wi-Fi バリアフリー 一人旅 CARD

☎0867-66-2501　fax:0867-66-2504
真庭市蒜山上福田1205-281

予約●電話（6カ月前の同日10:00〜）・HP・予約サイト　IN/OUT●15：00／10：00
HP●https://www.qkamura.or.jp/hiruzen/

青い空と緑の牧草地に囲まれた高原リゾート

JR姫新線中国勝山駅より真庭市コミュニティバス「まにわくん」で約60分、蒜山高原下車すぐ
車▶米子自動車道蒜山ICより約4km
P▶150台（無料）
送迎▶伯備線根雨駅、高速バス江府ICから送迎あり（1日2便、要予約）

料理
夕食▶季節感たっぷりのテーブルサービスをはじめ、名物のジンギスカンや料理長自慢の料理を堪能できる高原ビュッフェ
朝食▶高原朝食ビュッフェ
子ども▶ビュッフェ

私だけの「蒜山タイム」を堪能

　西の軽井沢、蒜山高原にあるリゾートホテル。目前に広がる蒜山三座のパノラマや美しい風景を眺めながら入る「高原の湯」は、体の芯から温まる天然ラドン温泉だ。春はハイキング、夏は避暑、秋は紅葉、冬は雪遊びと、ゆるやかに流れていく時間を楽しめる。周辺にはホースパーク、ハーブガーデンなど見どころも満載だ。

宿泊料金
1泊2食（税・サ込）
大人	14,500円〜
小人（小学生）	8,000円
幼児（4歳以上）	4,000円

※土曜、休前日2,200円増、トップシーズン3,300円増。入湯税150円（大人のみ）

客室●60室（バス付30室）
和30室 洋30室
設備・備品／トイレ、テレビ、冷蔵庫、電気ポット、タオル、浴衣、冷水ポット、茶器セットなど

風呂●大浴場
入浴／15:00〜24:00、5:00〜9:30
設備・備品／シャンプー、コンディショナー、ボディソープ、ドライヤー、ベビーベッドなど

設備・サービス
Wi-Fi▶館内完備
一人旅▶1泊2食18,500円〜
バリアフリー▶1階に多目的トイレあり
その他▶会議室、売店、喫茶、図書コーナー、コインランドリー、カラオケルームなど

天然ラドン温泉の展望大浴場

蒜山三座のパノラマが目の前に

ピュアリティまきび

中国 岡山県

Wi-Fi バリアフリー 一人旅 CARD

☎086-232-0511　fax:086-224-2995
岡山市北区下石井2-6-41
予約●電話・HP・予約サイト　IN/OUT●15：00／11：00
HP●https://makibi.jp/

まきびカラーのグリーンの屋根が特長的

岡山駅や名所旧跡にも近くアクセス良好

　宿泊料金、料理、サービスなど何をとっても安心して利用することができる公共施設。岡山城や後楽園など、代表的な名所旧跡へも近く、岡山駅東口からも徒歩10分とアクセス抜群だ。すぐ前には大型ショッピングセンターもあり、買い物や食事にも困らない。一人旅、ビジネスユース、ファミリーなど幅広い用途で利用可能。

宿泊料金

1泊2食（税・サ込）

大人	8,500円～
小人（小学生）	7,500円～
幼児（4歳以上）	6,500円～

※休前日500～1,000円増

洋室はゆったりめで広々

客室 ●29室（バス・トイレ付23室）
和6室　洋23室　和洋6室
設備・備品／テレビ、湯沸かしポット、冷蔵庫、ドライヤー、電気スタンド、加湿器付空気清浄機、バスタオル、フェイスタオルなど

風呂 ●大浴場・ミストサウナ
入浴／17：00～24：00、シャワーのみ6：00～11：00
設備・備品／シャンプー、コンディショナー、ボディーソープなど

JR岡山駅より徒歩約10分
車▶山陽自動車道岡山ICより約7km
P▶100台（無料）
送迎▶なし

料　理

夕食▶平日はレストランで季節の御膳、金・土・日曜、祝日はバイキング
朝食▶ロールサンド（宿泊前日までに要予約）
子ども▶平日はお子様ランチ、金・土・日曜、祝日はバイキング

設備・サービス

Wi-Fi▶客室内可能
一人旅▶1泊2食8,500円～
バリアフリー▶対応客室あり（洋室特別室1室）
その他▶レストラン、売店など

男女とも4階に大浴場あり

中国 岡山県

国民宿舎 サンロード吉備路
こくみんしゅくしゃ さんろーどきびじ

温泉　Wi-Fi　バリアフリー　一人旅　CARD

☎0866-90-0550　fax:0866-90-0711
総社市三須825-1
予約●電話・HP・予約サイト　IN/OUT●15：00／10：00
HP●https://www.qkamura-s.com/kibiji/

周辺には備中国分寺や井山宝福寺など古刹もあり歴史探訪もおすすめ

JR桃太郎線・伯備線総社駅より車で約10分
車▶山陽自動車道倉敷ICより国道429号経由で約5km。岡山自動車道岡山総社ICより国道180・429号経由で約4km
P▶280台（無料）
送迎▶総社駅から送迎あり（15：10、16：10、要予約）

歴史・文化の宝庫にある公共の宿

　古代ロマンの香り漂う吉備路にある温泉自慢の宿。天然温泉の「吉備路温泉」は、和風洋風の２種類があり、男女日替わりの入れ替え制。露天風呂や岩風呂、大理石風呂などを備えた美肌の湯は、体の芯から温まると好評だ。近くには、吉備路の遺跡群を巡るコースも整備されているので、レンタサイクルで回ってみよう。

料理

夕食▶季節の旬の味覚を会席料理で提供。食事はレストランで
朝食▶和洋バイキング
子ども▶小学生向け牛ぎゅうキッズ、幼児向けチャイルド定食

宿泊料金

1泊2食（税・サ込）
大人　　　　　　　13,900円〜
小人（小学生）　　 8,000円〜
幼児（4歳以上）　　4,000円〜
※土曜・休前日、夏休み1,100円増。年末年始、GW、お盆は特別料金。

客室●39室（バス付25室）
和16室　洋22室　和洋1室
設備・備品／トイレ、テレビ、冷蔵庫、電気ポット、タオル、浴衣、カミソリ、茶器セットなど

設備・サービス

Wi-Fi▶客室、ロビーのみ可能
一人旅▶洋室のみ対応。1泊2食15,000円〜
バリアフリー▶対応客室あり（和洋1室）、館内完備
その他▶レストラン、喫茶、宴会場、会議室、カラオケルーム、売店、アロマサロンなど

風呂●大浴場・露天風呂・サウナ
入浴／15：00〜24：00、5：00〜9：00
設備・備品／シャンプー、コンディショナー、ボディーソープ、ドライヤーなど

備中国分寺周辺のれんげ畑

広島市国民宿舎 湯来ロッジ
ひろしましこくみんしゅくしゃ ゆきろっじ

温泉 Wi-Fi バリアフリー CARD

☎0829-85-0111　fax:0829-85-0207
広島市佐伯区湯来町大字多田2563-1
予約●電話・HP　IN/OUT●15：00／10：00
HP●https://www.yuki-lodge.jp/

中国 広島県

雨天など天候に左右されない車寄せのある作り

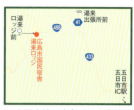

JR山陽本線・広島電鉄宮島線五日市駅南口より広電バス湯来温泉行き終点下車すぐ
車▶山陽自動車道五日市ICより約26km
P▶80台（無料）
送迎▶平日のみ（要予約）

広島の奥座敷・源泉かけ流し温泉でゆったり

1500年前に発見されたと伝わる「湯来温泉」にあり、「広島の奥座敷」と古くから多くの人に愛されている宿。新鮮な湯を惜しげなく加水なしのかけ流しで使っている。渓谷沿いの閑静な環境のなか、露天風呂では清流水内川のせせらぎや移ろいゆく四季の景観を楽しみながら、心と身体を癒すことができる。

料理

夕食▶四季折々の旬の食材を盛り込んだ創作料理
朝食▶和洋バイキング
子ども▶小学生〜小会席、幼児〜お子様ランチ

宿泊料金

1泊2食（税・サ込）	
大人	13,000円〜
小人（6〜12歳）	7,200円〜
幼児（4歳以上）	5,400円〜

※入湯税12歳以上150円
※土曜・祝前日550円〜1,100円増

客室●21室（バス・トイレ付1室、トイレ付21室）和12室 洋9室
設備・備品／テレビ、湯沸かしポット、冷蔵庫、加湿器（貸出）、洗浄機付トイレ、タオル、バスタオル、ドライヤーなど

風呂●大浴場・サウナ・露天風呂
入浴／15：00〜23：00、6：00〜9：00
設備・備品／シャンプー、コンディショナー、ボディーソープなど

設備・サービス
Wi-Fi▶館内完備
バリアフリー▶バリアフリールーム2室
その他▶第2・第4日曜に広島市内の神楽団による神楽の上演を開催

加水なしのかけ流しの湯

公共の宿 天然温泉 尾道ふれあいの里

こうきょうのやど てんねんおんせん おのみちふれあいのさと

中国 広島県

温泉 Wi-Fi バリアフリー 一人旅 CARD

☎0848-77-0177　fax:0848-76-1301

尾道市御調町高尾1369

予約●電話・HP・予約サイト　IN/OUT●15：00／10：00

HP●https://onomichi-radon-onsen.co.jp/

尾道郊外で緑豊かな自然に囲まれた宿

いろいろな温泉を楽しめる尾道の奥座敷

　西日本随一のプラズマ大浴場、露天風呂をはじめ、男女日替わりで13種類の風呂が楽しめる天然温泉が自慢の宿。部屋はシングル、ツイン、和室がそろう。極上のマッサージで癒されるエステサロンや研修室、体育館、グラウンド、テニスコートなどのスポーツ施設も完備しており、老若男女が多用途に使えるのがうれしい。

JR尾道駅より中国バスで約50分、尾道ふれあいの里下車すぐ
車▶山陽自動車道尾道JCTよりやまなみ街道へ。尾道北ICより約6km、三原久井ICより約13km
P▶450台（無料）
送迎▶道の駅クロスロードみつぎから無料のシャトルバスあり（10：40、15：10）

料理

夕食▶旬の味を楽しめる、地元の野菜や瀬戸内の魚介を使った会席料理
朝食▶約50種類のバイキング
子ども▶子ども用セット会席

宿泊料金

1泊2食（税・サ込）
大人　　　　　　　11,500円〜
小人（3歳〜小学生）6,500円〜
※幼児（3歳未満）無料

客室●64室（バス付41室）
和22室　洋42室
設備・備品／トイレ、テレビ、冷蔵庫、電気ポット、タオル、作務衣、カミソリなど

風呂●大浴場・露天風呂・サウナ
入浴／15：00〜22：00、6：30〜9：00
設備・備品／シャンプー、コンディショナー、ボディーソープ、ドライヤーなど

「ふれあいの湯」にある露天岩風呂「美路久の丘」

設備・サービス

Wi-Fi▶客室内可能、館内は1階ロビーのみ可能
一人旅▶1泊2食11,500円〜
バリアフリー▶対応客室あり（洋1室）。多目的トイレあり
その他▶レストラン、会議室、宴会場、売店、マッサージコーナー、キッズコーナー、スポーツ施設など

風呂は男女日替わり

休暇村 大久野島
きゅうかむら おおくのしま

中国 広島県

| 温泉 | Wi-Fi | バリアフリー | 一人旅 | CARD |

☎0846-26-0321　fax:0846-26-0323
竹原市忠海町大久野島
予約●電話（6カ月前の同日10：00〜）・HP・予約サイト　　IN/OUT●15：00／10：00
HP●https://www.qkamura.or.jp/ohkuno/

全室南向きのオーシャンビュー

JR呉線忠海駅より徒歩約10分、忠海港より船で約15分、大久野島桟橋へ
車▶山陽自動車道本郷ICより約16kmで忠海港へ。以降上記と同じ
P▶100台（忠海港、無料）
送迎▶大久野島桟橋から送迎あり（無料シャトルバス）

ウサギとのふれあいを心ゆくまで

ウサギの島・大久野島で唯一の宿泊施設。島を訪れる観光客のほとんどが、300〜500羽の野生のウサギとのふれあいが目的で、かわいいウサギの姿に癒される。「朝のお散歩会」「夜の海ホタル発光観察会」を開催中（雨天・荒天時は中止の可能性あり）。レンタサイクルでの島内めぐりや釣りなど、豊かな自然を満喫できる。

料理

夕食▶瀬戸内の山海の幸を使った地産地消バイキング
朝食▶屋台もある和洋食のバイキング
子ども▶バイキング

宿泊料金

1泊2食（税・サ込）

大人	12,500円〜
小人（小学生）	8,000円
幼児（4歳以上）	4,000円

※土曜、休前日2,200円増、トップシーズン（GW、夏休みなど）3,300円増。入湯税150円（大人のみ）

客室●65室（バス付8室）
和60室　洋2室　和洋ツイン3室
設備・備品／トイレ、テレビ、冷蔵庫、電気ポット、タオル、浴衣、カミソリなど

風呂●大浴場
入浴／5：00〜24：00
設備・備品／シャンプー、コンディショナー、ボディーソープ、ドライヤーなど

設備・サービス

Wi-Fi▶館内完備
一人旅▶1泊2食14,000円〜（入湯税150円）
バリアフリー▶館内完備
その他▶レストラン、会議室、宴会場、売店、喫茶、キャンプ場など

愛らしいウサギがお出迎え

大浴場は男女とも2つある

海眺の宿 あいお荘

かいちょうのやど あいおそう

中国 山口県

温泉 | Wi-Fi | バリアフリー | 一人旅 | 喫煙 | CARD

☎083-984-2201　fax:083-984-2279
山口市秋穂東10768-13
予約●電話・HP・予約サイト　IN/OUT●16：00／10：00
HP●http://www.aioso.com/

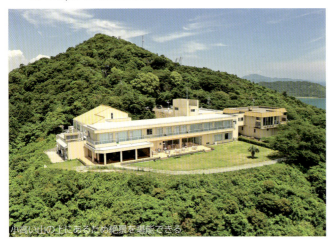
小高い山の上にあるため絶景を堪能できる

JR新山口駅より防長バスあいお荘行き終点下車すぐ
車▶山陽自動車道・宇部有料道路由良ICより約13km、山陽自動車道山口南ICより約12km
P▶60台（無料）
送迎▶応相談（10名以上）

料理

夕食▶会席料理。車海老のフルコースもある
朝食▶和食（子ども用メニューあり）
子ども▶小学生はお子様御膳、幼児はお子様ランチ

周防灘の広大な眺めを堪能できる

　瀬戸内海を臨む絶好のロケーションに恵まれたくつろぎの宿。秋穂名産の「車海老」を使った料理が名物で、踊り食いや刺身、塩焼きなどで味わえる。天然温泉大展望浴場も宿の特色の一つ。開放感のある露天風呂や、やさしい檜の香るサウナも人気だ。絶景を眺めながらゆったりと温泉に浸かって至福の時間を過ごせる。

宿泊料金

1泊2食（税・サ込）
大人　　　　　　　14,300円～
小人（小学生）　　　9,350円
幼児（3歳以上）　　4,840円
※入湯税150円（大人のみ）
※休前日、繁忙期は特別料金

開放感のある天然温泉露天風呂

客室 ●15室（バス・トイレ付6室）和13室 洋2室

設備・備品／タオル、バスタオル、浴衣、歯ブラシなど

風呂 ●大浴場・露天風呂・サウナ
入浴／16：00～23：00、6：00～8：00
設備・備品／シャンプー、コンディショナー、ボディーソープなど

設備・サービス

Wi-Fi▶館内完備
一人旅▶1泊2食付14,300円～
バリアフリー▶バリアフリールームあり（1部屋）
その他▶レストラン、売店、宴会場、多目的ホール、ギャラリーなど

レストランからも瀬戸内海を一望できる

セントコア山口
せんとこあやまぐち

温泉 | Wi-Fi | バリアフリー | 一人旅 | 喫煙 | CARD

☎083-922-0811　fax:083-922-8735
山口市湯田温泉3-2-7

予約●電話・来館・HP・予約サイト　IN/OUT●15：00／10：00
HP●https://www.centcore.com/

中国　山口県

地産地消の厳選食材を使った料理自慢の温泉宿

　露天風呂＆大浴場で山陽路随一の湯量を誇る湯田温泉。日本庭園を眺めながら湯浴できる露天風呂付き大浴場が自慢の宿。ゆったり広めで快適な洋室と、純和風の情緒を満喫できる和室から選ぶことができる。自然養鶏や有機野菜など、生産者から直接仕入れる地元の良質な食材を駆使した彩り豊かな料理が好評だ。

宿泊料金
1泊2食（税・サ込）
- 大人　　　　　　　16,300円～
- 小人（小学生）　　 4,950円～
※入湯税150円（大人のみ）含む

客室●34室（全室バス・トイレ付）
和11室　洋23室
設備・備品／テレビ、冷蔵庫、電気ポット、タオル、浴衣、カミソリ、加湿空気清浄機など

風呂●大浴場・露天風呂・サウナ
入浴／11：00～24：00、6：00～9：00
設備・備品／シャンプー、コンディショナー、ボディーソープ、ドライヤーなど

源泉かけ流しの温浴施設

JR山口線湯田温泉駅より徒歩約20分、新山口駅よりバスで約20分、湯田温泉下車、徒歩約5分
車▶中国自動車道小郡ICより約8km、山口ICより約11km、山陽自動車道防府東ICより約16km
P▶70台（無料）、EV充電器
送迎▶なし

料理

夕食▶和洋折衷会席料理。食事はレストランで
朝食▶産地直送の食材で和洋折衷バイキング
子ども▶夕食はお子様ランチ

設備・サービス
Wi-Fi▶館内完備
一人旅▶1泊2食16,800円～
バリアフリー▶対応客室あり（洋2室）
その他▶レストラン、会議室、宴会場、売店、エステルームなど

地下から吹き抜けの露天風呂

中国 山口県

下関市 満珠荘
しものせきし まんじゅそう

Wi-Fi　バリアフリー　一人旅　CARD

☎083-222-1126　fax:083-222-1136
下関市みもすそ川町3-75
予約●電話・HP（3カ月前の同日9:00〜）・予約サイト　IN/OUT●15:00／10:00
HP●https://shimonoseki-manjuso.jp/

全体が関門海峡の眺望を大切にした造り

JR山陽本線下関駅よりサンデン交通バス火の山国民宿舎行きで約16分、終点下車すぐ
車▶中国自動車道下関ICより約3km
P▶30台（無料）
送迎▶あり（要相談）

館内各所から絶景関門海峡ビューを満喫

関門海峡を一望できる、瀬戸内海国立公園火の山の山麓に位置する絶景の宿。開放的なレストラン、大浴場、全客室から関門海峡の大パノラマ眺望を堪能できるのが自慢だ。料理は地産地消を基本に、下関の旬の味を満喫できる会席料理をはじめ、本場のふく料理をリーズナブルに味わえるのもうれしい。

料理

夕食▶レストランで和定食、会席料理、ふく料理など。単品料理あり（ふく刺しは要予約）
朝食▶レストランで和食膳
子ども▶ハンバーグ、エビフライ、フライドポテト、鶏唐揚げなどのプレート
※アレルギー対応あり（要事前連絡）

宿泊料金

1泊2食（税・サ込）

大人	9,710円〜
小人（小学生）	7,130円
幼児（3歳以上）	4,110円

※休前日大人1,100円増。65歳以上の割引あり

客室 ●9室
和8室　洋1室
設備・備品／トイレ、テレビ、冷蔵庫、電気ポット、空気清浄機、タオル、浴衣、カミソリなど

風呂 ●大浴場
入浴／15:00〜23:00、6:00〜10:00
設備・備品／シャンプー、コンディショナー、ボディーソープ、ドライヤーなど

設備・サービス

Wi-Fi▶館内完備
一人旅▶1泊2食10,320円〜
バリアフリー▶館内ユニバーサルデザイン
その他▶レストラン、ラウンジ、会議室、売店、カラオケルーム、キッズスペースなど

館内から関門海峡を一望

内湯からも関門海峡が見られる

国民宿舎 大城
こくみんしゅくしゃ おおじょう

[温泉] [Wi-Fi] [バリアフリー] [一人旅] [CARD]

☎0833-52-0138　fax:0833-52-0052

下松市笠戸島14-1

予約●電話（半年前の1日〜）・HP・予約サイト　IN/OUT●15：00／10：00
HP●https://www.oojou.jp

中国 山口県

全室オーシャンビューで眺望も楽しめる

JR山陽本線下松駅より防長バスで約20分、国民宿舎前下車すぐ。または下松駅より車で約10分
車▶山陽自動車道徳山東ICより約12km、熊毛ICより約20km
P▶170台（無料）
送迎▶あり（要相談）

料理

夕食▶会席膳、皿盛り料理など、多彩なメニューから選ぶことができる
朝食▶レストランで和洋食バイキング
子ども▶ステーキセットかハンバーグセット

名湯と旬の味を堪能する絶景自慢の宿

　瀬戸内海国立公園「笠戸島」の中心に位置する。敷地内から湧き出る天然温泉が自慢で、笠戸湾を一望できる露天風呂からの夕日は絶景。地場産の食材と四季の素材をふんだんに取り入れた料理には定評があり、特に「笠戸ひらめ」を使用した「笠戸ひらめ会席」は大人気だ。自然に囲まれたホテルステイを堪能できる。

宿泊料金

1泊2食（税・サ込）

大人	13,550円〜
小人(小学生)	9,350円〜
幼児(3歳以上)	7,150円〜

設備・サービス

Wi-Fi▶館内完備
一人旅▶対応（詳しくは問い合わせ）
バリアフリー▶対応客室あり（洋3室）、館内車椅子可、点字対応（一部）、盲導犬、介助犬客室同室可、筆談対応など
その他▶レストラン、会議室、宴会場、売店、カラオケルームなど

客室●37室（バス付18室）
和12室　洋15室　和洋10室
設備・備品／トイレ、テレビ、冷蔵庫、電気ポット、空気清浄機、お茶セット、タオル、浴衣、カミソリなど

風呂●大浴場・露天風呂・サウナ
入浴／15：00〜24：00、6：00〜9：00
設備・備品／シャンプー、コンディショナー、ボディーソープ、ドライヤー、化粧水、クレンジングなど

炭酸泉やサウナも楽しめる

露天風呂は男女日替わり

中国 山口県

下関市営国民宿舎 海峡ビューしものせき
しものせきしえいこくみんしゅくしゃ かいきょうびゅーしものせき

Wi-Fi　バリアフリー　一人旅　CARD

☎083-229-0117　fax:083-229-0114

下関市みもすそ川町3-58

予約●電話・HP・予約サイト　IN/OUT●15：00／10：00

HP●https://www.kv-shimonoseki.com/

海峡を行き交う船の汽笛を聞くのも一興

JR山陽本線下関駅よりサンデン交通バス火の山国民宿舎行きで約16分、終点下車すぐ
車▶中国自動車道下関ICより約3km
P▶67台（無料）
送迎▶なし

関門海峡を一望する絶景のオーシャンビュー

　火の山公園内にあり、眼下に関門海峡、正面に関門橋を見渡すことができる。下関ICからも車で約5分という好立地で、下関を代表する観光地「唐戸魚市場」や「城下町長府」へも車で約10分というアクセス。関門海峡は国際航路になっており、一日約600隻の船が横行しているので、動きのある美しい関門海峡を楽しめる。

料理

夕食▶和会席。ふく料理コース
朝食▶和洋バイキング
子ども▶お子様定食、幼児定食

設備・サービス

Wi-Fi▶館内完備
一人旅▶1泊2食13,200円～
バリアフリー▶バリアフリールームあり（洋室2部屋）、全館バリアフリー対応
その他▶レストラン、売店、宴会場、多目的ホールなど

宿泊料金

1泊2食（税・サ込）

大人	12,650円～
小人（小学生）	8,250円
幼児（3歳～未就学児）	4,950円

※土曜、休前日、正月、GW、夏休みは特別料金

客室 ●42室（バス付21室）
和24室　洋18室

設備・備品／トイレ（ウォシュレット）、テレビ、冷蔵庫、浴衣、タオル、バスタオル、浴衣、歯ブラシなど

風呂 ●大浴場・露天風呂・サウナ・水風呂

入浴／15:00～24:00、6:00～9:00
設備・備品／シャンプー、コンディショナー、ボディーソープなど

大浴場からも関門海峡を一望できる

四　国

徳島県 ---------------------------- 104

香川県 ---------------------------- 106

愛媛県 ---------------------------- 109

高知県 ---------------------------- 113

四国 徳島県

月ケ谷温泉 月の宿
つきがたにおんせん つきのやど

`温泉` `Wi-Fi` `バリアフリー` `一人旅` `CARD`

☎0885-46-0203　fax:0885-46-0100
勝浦郡上勝町大字福原字平間71-1
予約●電話・HP・予約サイト　IN/OUT●16：00／10：00　第2水曜休み
HP●https://www.e-kamikatsu.jp/

清流、勝浦川沿いに位置し夏は川遊びもできる

JR徳島駅より徳島バス勝浦線で約60分、横瀬西下車、上勝町バスに乗り換え約20分、温泉口下車、徒歩約5分
車▶徳島自動車道徳島ICより国道55号・県道16号経由で約40km
P▶100台（無料）
送迎▶なし

四季折々の勝浦川の風景を満喫

徳島市内より約60分の場所にあり、勝浦川を中心とした豊かな自然環境を体感できる施設。大浴場は1階と2階にあり、男女日替わりで利用できる。また、岩盤から湧き出る冷泉を木材のチップボイラーで温め、環境にも配慮している。料理は川魚を中心とした一品のほか、冬期はボタン鍋や阿波尾鶏鍋なども提供する。

料理

夕食▶アメゴなどの地元食材を使用。アメゴ塩焼きや山菜天ぷら、ボタン鍋（冬期）などの和食膳
朝食▶手作り豆腐、阿波尾鶏鍋などの和定食
子ども▶小学生はハンバーグやフライなどの和膳、幼児はお子様セット

宿泊料金

1泊2食（税・サ込）
大人　　　　　　13,750円〜
小人（小学生）　　 7,700円
幼児（2歳以上）　　5,060円
※休前日大人1,100円増。部屋のタイプや人数により金額変更あり

客室●16室（バス付14室）
和10室　洋3室　和洋3室　バンガロー3棟
設備・備品／トイレ、テレビ、冷蔵庫、電気ポット、お茶セット、タオル、浴衣など

風呂●大浴場・サウナ
入浴／16：00〜23：00、6：00〜8：20
設備・備品／シャンプー、コンディショナー、ボディーソープ、ドライヤーなど

設備・サービス
Wi-Fi▶客室内可能
一人旅▶1泊2食14,850円（ツインルーム利用の場合）
バリアフリー▶対応客室あり
その他▶レストラン、会議室、宴会場、多目的室、売店など

2階大浴場は阿波の青石を使った造り

バンガローもある

神山温泉 ホテル四季の里 & いやしの湯
かみやまおんせん ほてるしきのさと あんどいやしのゆ

四国 徳島県

`温泉` `Wi-Fi` `バリアフリー` `一人旅` `CARD`

☎088-676-1117　fax:088-676-1276
名西郡神山町神領本上角80-2
予約●電話・HP・予約サイト　IN/OUT●15：00／10：00
HP●https://kamiyama-spa.com/

地元の木材と石材が調和した温かみのある外観

JR徳島駅より徳島バスで約60分、神山温泉前下車、徒歩約5分
車▶徳島自動車道藍住ICより約25km、高松自動車道板野ICより約28km
P▶120台（無料）
送迎▶あり（10名以上で2食付き宿泊の場合のみ、要予約）

静かな里山の温泉宿で自分時間を過ごせる

地元の木材をふんだんに使った別荘風の情緒あふれるホテル。静かな里山に囲まれ、緩やかな時間が流れる。神山温泉は、肌がすべすべになる「美人の湯」として評判で、併設の「いやしの湯」は、2016年3月に浴場内通路に特殊な畳を敷き、四国初の畳の温泉としてリニューアルした。ゆっくりとリフレッシュできる。

料理

夕食▶神山の恵み山彩膳（創作和食コース）
朝食▶具だくさんみそ汁付の和定食
子ども▶和洋セットの子ども向けメニュー

宿泊料金

1泊2食（税・サ込）
大人	13,860円～
小人（7～12歳）	8,250円
幼児（3歳以上）	5,830円

※休前日大人、小人1,100円増

客室●20室（バス付12室）
和8室　洋5室　和ツイン7室
設備・備品／トイレ、テレビ、冷蔵庫、電気ポット、空気清浄機、タオル、浴衣、カミソリなど

風呂●大浴場・サウナ
入浴／宿泊者専用大浴場15：00～翌9：30、いやしの湯10：00～20：00（4～9月は～21：00）
設備・備品／シャンプー、コンディショナー、ボディーソープ、ドライヤーなど

設備・サービス

Wi-Fi▶館内完備
一人旅▶1泊2食15,510円～
バリアフリー▶館内一部対応。車椅子貸し出しあり
その他▶レストラン、会議室、宴会場、売店、喫茶など

宿泊者専用の大浴場

いやしの湯は当面休業。2024年夏再開予定

じゃこ丸パーク津田（国民宿舎 松琴閣 クアパーク津田）

じゃくまるぱーくつだ

四国 香川県

Wi-Fi　バリアフリー　一人旅　CARD

☎0879-42-2521　fax:0879-42-3232
さぬき市津田町松原地内
予約●電話・HP・予約サイト　IN/OUT●15：00／10：00
HP●https://q-p.anabuki-enter.jp/

JR高徳線讃岐津田駅より徒歩約20分
車▶高松自動車道津田東ICまたは津田寒川ICより約4km
P▶50台（無料）
送迎▶讃岐津田駅、津田の松原SA上下線高速バス停から送迎あり（8:00〜19:00、要問い合わせ）

目の前は津田の松原海水浴場

全室オーシャンビューのリゾート施設

　白砂青松の松原は、「日本の白砂青松100選」、「日本の渚100選」にも選定され、全国に知られた美観景勝地。宿泊者は館内から直接砂浜に出ることができる。近隣の日本ドルフィンセンターでのイルカとのふれあい体験や、レストラン屋外テラスでのBBQ、レンタサイクルでの周辺散策もおすすめ。

料理

夕食▶四季御膳3,000円、さぬき会席5,500円（写真）、瀬戸内会席7,700円など、予算に合わせて選ぶことができる
朝食▶和定食1,320円
子ども▶夕食はキッズ1,100円〜、朝食は660円。アレルギー対応食もあり

宿泊料金

1泊2食（税・サ込）

大人	9,820円〜
小人（小学生）	8,720円〜
幼児（未就学児）	3,960円〜

※休前日、特別期間料金あり

客室●27室（バス付16室）
和14室 洋12室 インドアCAMP1
設備・備品／トイレ、テレビ、冷蔵庫、電気ポット、タオル、浴衣、カミソリなど

風呂●大浴場・サウナ
入浴／13:00〜23:00（金曜は15:00〜）、6:00〜10:00
設備・備品／シャンプー、コンディショナー、ボディーソープ、ドライヤーなど

設備・サービス

Wi-Fi▶客室内、ロビー、会議室可能
一人旅▶1泊2食10,920円〜
バリアフリー▶1階に車椅子用トイレあり
その他▶レストラン、売店、レンタサイクル（無料）、クロスバイク・釣り竿レンタル、赤ちゃんグッズレンタル（無料）など

インドアCAMP

国民宿舎 小豆島
こくみんしゅくしゃ しょうどしま

`温泉` `Wi-Fi` `一人旅` `CARD`

☎0879-75-1115　fax:0879-75-1116
小豆郡小豆島町池田1500-4
予約●電話・HP・予約サイト　IN/OUT●15：00／10：00　毎月メンテナンスのための休日あり
HP●https://www.kokuminshukusha.com/

四国　香川県

日本夕陽100選の地に建つ宿

土庄・草壁・坂手各港より小豆島オリーブバスで約15〜30分、池田港バス停下車、車で約5分
車▶各港より約2〜21km
P▶50台（無料）
送迎▶池田港・池田港バス停、10人以上は各港から送迎あり（要予約）

豊かな自然の中でぜいたくな島時間を

　瀬戸内海を一望できる高台にあり、美しい眺望が自慢の宿。特別室、和室、洋室など、部屋のタイプは多彩で、一人から団体まで目的に合わせて選択できる。食事は、海の幸を生かしたメニューが豊富にそろう。小豆島ふるさと村の中にあり、シーカヤック、オリーブクラフトなど、島ならではの体験が可能だ。

料理

夕食▶季節の会席や本格和会席、BBQなど豊富なメニューから選ぶことができる。食事は食堂で、事前予約で宴会場も可
朝食▶ハーフバイキング
子ども▶お子様ランチ、ステーキランチ

宿泊料金

1泊2食（税・サ込）
大人	10,490円〜
小人（小学生）	8,360円〜
幼児（3歳以上）	6,160円〜

※休前日、シーズン料金あり

客室●27室（バス付1室）
和10室　洋8室　和洋8室　特別1室
設備・備品／トイレ、テレビ、冷蔵庫、電気ポット、お茶セット、タオル、浴衣など

風呂●大浴場
入浴／15:00〜23:00、6:00〜9:00
設備・備品／シャンプー、コンディショナー、ボディソープ、ドライヤーなど

設備・サービス
Wi-Fi▶一部客室、ロビー周辺で可能
一人旅▶1泊2食11,040円〜（時期により対応不可の場合あり）
その他▶レストラン、売店、宴会場、スポーツ施設など

客室は目的に合わせて選べる

休暇村 讃岐五色台

きゅうかむら さぬきごしきだい

四国 香川県

Wi-Fi　バリアフリー　一人旅　CARD

☎0877-47-0231　fax:0877-47-0269
坂出市大屋冨町3042

予約●電話（6カ月前の同日10:00〜）・HP・予約サイト　IN/OUT●15:00／10:00
HP●https://www.qkamura.or.jp/goshiki/

標高400mの高台から瀬戸内海を望む

JR予讃線・瀬戸大橋線高松駅・鬼無駅より車で約30分
車▶瀬戸中央自動車道坂出北ICより約28km、高松自動車道坂出ICより約30km、高松檀紙ICより約23km
P▶100台（無料）
送迎▶高松駅または鬼無駅から送迎あり（要予約）

料理

食事▶夕朝食ともに香川県と瀬戸内海の海の幸、大地の恵みを堪能できるビュッフェ

瀬戸の夕日や夜景を堪能

　瀬戸大橋や瀬戸内海の島々を望む風光明媚な高台にあり、四国八十八所巡りの鈴の音がさわやかに響く巡礼の宿でもある。島々を美しく染める夕日は、懐かしい心の風景のよう。讃岐五色台オートキャンプ場、屋外プール、五色台ビジターセンターなど、周辺施設も充実し、五色台の豊かな自然を満喫できる。

宿泊料金

1泊2食（税・サ込）

大人	14,500円〜
小人（小学生）	8,000円
幼児（4歳以上）	4,000円

※シーズン2,200円増、トップシーズン3,300円増。料理プラン、部屋タイプ、人数などで料金変更あり

展望浴場からの眺望も自慢

客室●66室（バス付8室）
和52室　洋4室　和洋10室
設備・備品／トイレ、テレビ、保冷庫、電気ポット、タオル、浴衣、カミソリなど

風呂●大浴場
入浴／11:00〜24:00、5:00〜9:00
設備・備品／シャンプー、コンディショナー、ボディーソープ、ドライヤーなど

設備・サービス

Wi-Fi▶館内完備
一人旅▶1泊2食17,500円〜
バリアフリー▶3階に車椅子用トイレあり
その他▶レストラン、会議室、宴会場、売店、喫茶、屋外プールなど

瀬戸の夕日は絶景

花の森ホテル
はなのもりほてる

`Wi-Fi` `一人旅` `CARD`

☎089-967-1666　fax:089-967-1687
伊予市中山町中山11-405-2

予約●電話・HP・予約サイト・雑誌　IN/OUT●15：00／10：00
HP●http://www.hananomori-h.com/

四国　愛媛県

小高い丘の上に建つ風車が目印

JR予讃線伊予中山駅より車で約7分
車▶松山自動車道中山スマートICより国道56号経由で約7km
P▶100台（無料）
送迎▶伊予中山駅から送迎あり（要予約）

地産地消の和洋折衷会席に舌鼓

180度パノラマの開放的な景色を望むレストランで、旬の食材を使用した自慢の和洋折衷会席料理が楽しめるホテル。春はイチゴ狩り、夏はホタル観賞、秋には特産の中山栗を使った栗会席など、四季折々の宿泊プランがあるのもうれしい。周辺には入場無料のフラワーハウスがあり、季節の花が楽しめる。

料理

夕食▶和洋折衷会席料理。食事は1階レストランで
朝食▶和食
子ども▶小学生・幼児は子ども向けコース料理

宿泊料金

1泊2食（税・サ込）
大人　　　　　11,000円〜
小人（小学生）　7,700円
幼児（未就学児）5,500円
※休前日、シーズン料金あり

客室●18室（全室バス・トイレ付）
和10室　洋8室
設備・備品／テレビ、冷蔵庫、電気ポット、タオル、室内着、歯ブラシなど

風呂●大浴場・サウナ
入浴／15：00〜23：00、6：00〜10：00、日帰り入浴11：00〜21：00（最終受付20：00）
設備・備品／シャンプー、ボディーソープ、コンディショナー、ドライヤーなど

設備・サービス

Wi-Fi▶館内完備
一人旅▶1泊2食12,100円〜
その他▶レストラン、おみやげコーナー、会議室、宴会場など

開放的な眺めが自慢

備長炭を使用した花の湯

四国 愛媛県

休暇村 瀬戸内東予
きゅうかむら せとうちとうよ

温泉　Wi-Fi　バリアフリー　一人旅　CARD

☎0898-48-0311　fax:0898-48-0313
西条市河原津

予約●電話（6カ月前の同日10:00〜）・HP・予約サイト　IN/OUT●15：00／10：00
HP● https://www.qkamura.or.jp/toyo/

「日本の渚百選」に選定された浜辺が見える高台に建つ

海も山も同時に眺望できる温泉リゾート

部屋からは瀬戸内海の多島美を一望でき、刻々と変化する景色を堪能できる。全室オーシャンビューで全館Wi-Fi接続可能なのもうれしい。食事は地元野菜をふんだんに使った約50種類のビュッフェか食材のうまみを生かした会席料理のいずれかを選ぶことができる。伊予三湯のひとつ「ひうちなだ温泉」でもゆっくりできる。

JR予讃線壬生川駅より車で約15分
車▶今治小松自動車道今治湯ノ浦ICより約3km。しまなみ海道今治ICより約13km
P▶66台（無料）
送迎▶壬生川駅から送迎あり（15:40・16:40、要予約）

料理

夕食▶食事はレストランで。「おもてなしビュッフェ」か季節の会席料理を選ぶことができる
朝食▶ビュッフェ
子ども▶ビュッフェのなかに子ども向け料理も用意

宿泊料金

1泊2食（税・サ込）
大人　　　　　　14,500円〜
小人（小学生）　 8,000円
幼児（4歳以上）　4,000円
※オンシーズン2,200円増、ハイシーズン3,300円増。入湯税150円（大人のみ）

客室● 49室（バス付8室）
和37室　洋10室　和洋2室
設備・備品／トイレ、テレビ、冷蔵庫、電気ポット、タオル、浴衣など

風呂● 大浴場・露天風呂・サウナ
入浴／15:00〜24:00、5:00〜9:00
設備・備品／シャンプー、コンディショナー、洗顔せっけん、ボディーソープ、ドライヤーなど

設備・サービス

Wi-Fi▶館内完備
一人旅▶1泊2食17,500円〜
バリアフリー▶対応客室あり（洋1室）
その他▶レストラン、ラウンジ、会議室、大広間、売店など

「本谷温泉」から引き湯した絶景の温泉

にぎたつ会館

にぎたつかいかん

`温泉` `Wi-Fi` `バリアフリー` `一人旅` `CARD`

☎ 089-941-3939　fax:089-932-8370
松山市道後姫塚118-2
予約●電話・HP・予約サイト　IN/OUT●15：00／10：00
HP●https://nigitatsu.jp

レンガ造りの趣ある外観

JR予讃線松山駅より路面電車道後温泉行きで約25分、道後温泉駅下車、徒歩約5分
車▶松山自動車道松山ICより国道33号経由で約7km
P▶80台（無料）
送迎▶なし

料理

夕食▶ミニ会席から郷土料理を中心としたメニューまで幅広く用意。食事はレストランで
朝食▶和洋バイキング
子ども▶お子様ランチなど

コスパ抜群で観光に便利な立地の宿

　松山市街を見渡す道後の高台に位置し、喧騒と離れてゆっくりとくつろげる宿。広々とした桧造りの大浴場（道後温泉引き湯）や枯流式日本庭園は、宿泊客から好評。道後温泉本館・道後温泉駅より徒歩5分、松山城まで車で15分と松山観光の起点にも最適だ。お得な1泊2食付きプランも各種そろうので、要チェック。

宿泊料金

1泊2食（税・サ込）

大人	9,300円〜
小人（小学生）	6,600円
幼児（4歳以上）	4,600円

※休前日2,000円増

客室●59室（バス付46室）
和19室　洋38室　和洋2室
設備・備品／トイレ、テレビ、冷蔵庫、電気ポット、タオル、浴衣など

風呂●大浴場・サウナ
入浴／16:00〜24:00、6:00〜9:00
設備・備品／シャンプー、コンディショナー、ボディーソープ、ドライヤーなど

設備・サービス

Wi-Fi▶客室内可能
一人旅▶1泊2食9,800円〜
バリアフリー▶対応客室あり（洋1室）
その他▶レストラン、宴会場、会議室、コインランドリーなど

明るく木の温もりに満ちた大浴場

四国　愛媛県

四国 愛媛県

河辺ふるさとの宿
かわべふるさとのやど

`Wi-Fi` `一人旅` `喫煙`

☎0893-39-2211　fax:0893-39-2123
大洲市河辺町三嶋134
予約●電話・HP・メール(furusato@alto.ocn.ne.jp)・予約サイト
IN/OUT●16：00／10：00　第2・4月曜休み　HP●https://kawabe-furusato.com

木造校舎の造りをそのまま残した建物

JR予讃線伊予大洲駅より宇和島バスで道の駅清流の里ひじかわ下車、大洲市営バスに乗り換え大洲市河辺支所下車、大洲市営無償バスに乗り換えふるさとの宿下車すぐ
車▶松山自動車道内子五十崎ICより約28km
P▶40台（無料）
送迎▶なし

料理

夕食▶アマゴの塩焼きやニジマスの刺身、山菜などの天ぷら・煮物など。冬期を除いてバーベキューも可
朝食▶地元産のごはんと具だくさんのみそ汁、焼き魚など和食
子ども▶お子様ランチ、幼児用朝食あり

山と渓流に囲まれたノスタルジックな宿

　廃校となった小学校をリノベーションした施設。木造校舎の外観や板張りの長い廊下が残り、ノスタルジックな風情が漂う。周辺は豊かな自然に囲まれ、春は桜や山菜、夏はホタル観賞や昆虫採集、川遊び、秋は紅葉、冬は雪と、四季折々の趣きに恵まれる。満天の星空を年中見ることができるのも醍醐味。古民家風の離れも1棟ある。

宿泊料金

1泊2食（税・サ込）
大人　　　　　　　10,000円〜
小人（小学生）　　 6,250円〜
幼児（3歳以上）　　5,350円〜

客室●8室（バス・トイレ付1棟）
和7室　離れ1棟
設備・備品／テレビ、電気ポット、タオル、浴衣、お茶セットなど

風呂●大浴場
入浴／16：00〜20：00
設備・備品／タオル、シャンプー、石けん、ボディーソープ、ドライヤーなど

設備・サービス
Wi-Fi▶客室内可能（制限あり）
一人旅▶1泊2食10,000円〜
その他▶宴会場、会議室、売店、バーベキューガーデンなど

初夏にゲンジボタルが飛び交う

馬路温泉
うまじおんせん

四国 高知県

`温泉` `Wi-Fi` `バリアフリー` `一人旅` `CARD`

☎0887-44-2026　fax:0887-44-2028
安芸郡馬路村3546-1
予約●電話・HP・予約サイト　IN/OUT●15:00／10:00
HP●https://umaji.gr.jp/

目の前に清流、安田川が流れる

土佐くろしお鉄道ごめん・なはり線安田駅より高知東部交通バス馬路・魚梁瀬方面行きで約30分、馬路下車、徒歩約5分
車▶高知自動車道南国ICより国道55号・県道12号経由で約64km
P▶30台（無料）
送迎▶なし

料理も温泉も！馬路村の恵みを堪能

　人口900人の小さな村から、柚子の加工品を全国へ届け、いちやく全国区となった馬路村唯一の温泉旅館。地下60mから湧き出ている温泉は、肌触りがツルツル、スベスベで女性にも大人気。毎月1日は女性湯限定のバラ風呂など、良質の温泉とともに楽しめるイベントを開催し、好評を得ている。

料理

夕食▶アメゴの刺身や鶏のゆず酢かけ、山菜料理など、地元の食材を使った御膳
朝食▶アメゴの干物が付いた和定食
子ども▶大人に準じた田舎料理

宿泊料金
1泊2食（税・サ込）

大人	10,800円〜
小人（小学生）	6,480円〜
幼児（3歳以上）	1,500円〜

※大人休前日、8月1,000円増、GW、お盆2,000円増、大晦日、正月3が日3,000円増

客室●16室（バス・トイレ付12室）
和10室　洋6室
設備・備品／テレビ、電気ポット、タオル、浴衣など

風呂●大浴場
入浴／15:00〜22:00、6:00〜
設備・備品／シャンプー、コンディショナー、ボディーソープ、ドライヤーなど

設備・サービス
Wi-Fi▶館内完備
一人旅▶追加料金1,000円
バリアフリー▶玄関スロープあり
その他▶レストラン、宴会場、会議室、売店など

女性湯限定でバラ風呂開催日あり

四国 高知県

中津渓谷 ゆの森
なかつけいこく ゆのもり

`温泉` `Wi-Fi` `一人旅` `CARD`

☎0889-36-0680　fax:0889-36-0190
吾川郡仁淀川町名野川258-1

予約●電話・HP・予約サイト　IN/OUT●15:00／10:00　火曜、月2回水曜（祝日の場合は翌日）、12月31日、1月1日休み　HP▶https://www.yunomori.jp/

森の環境に歩調をあわせた町産の木造建築

JR佐川駅より黒岩観光バス川渡行きで約35分、名野川下車、徒歩約7分
車▶高知自動車道伊野ICより国道33号経由で約43km、松山自動車道松山ICより国道33号経由で約64km
P▶20台（無料）
送迎▶なし

ワンランクアップの宿で非日常を堪能

　青く美しい仁淀ブルーでおなじみ、仁淀川上流域にある温泉宿泊施設。中津渓谷の玄関に鉱泉を沸かした温泉「ゆの森」では、開放的な露天風呂や大浴場で、ぽかぽかと体の芯まで温まる。夕食は、季節の素材を使った和食膳。客室は和室と3棟のコテージを完備。木の温もりに包まれる。

宿泊料金
1泊2食（税・サ込）
大人　　　　　　　　18,950円～
小人（7～12歳）　　 10,630円～
幼児（0～6歳）　　　 3,500円～
※休前日料金、夏期料金、季節料金期間あり
幼児は食事・寝具なし

客室●7室（バス付3室）
和4室　洋3室（コテージ）
設備・備品／トイレ、テレビ、冷蔵庫、電気ケトル、お茶セット、タオル、浴衣、カミソリなど

風呂●大浴場・露天風呂・サウナ
入浴／15:00～23:00、6:00～8:30
設備・備品／リンスインシャンプー、ボディーソープ、ドライヤーなど

料理

夕食▶和食膳。食事は宿泊者専用レストランで
朝食▶和朝食
子ども▶子ども用メニュー

設備・サービス
Wi-Fi▶館内完備
一人旅▶1泊2食28,425円～（時期により対応）
その他▶レストラン、売店など

ゆったりした空間のコテージ

湧き出る湯をゆったりと楽しむ露天風呂

高知共済会館 COMMUNITY SQUARE

こうちきょうさいかいかん こみゅにてぃすくえあ

四国 高知県

`Wi-Fi` `バリアフリー` `一人旅` `喫煙` `CARD`

☎088-823-3211　fax:088-823-3102
高知市本町5-3-20
予約●電話・HP（6カ月前より受付）・予約サイト　IN/OUT●15：00／10：00
HP●https://www.kochi-cs.jp/

ビジネスにも観光にも便利な立地

アクセス抜群で多用途に利用できる宿

　高知市の中心地、官庁街にあり、安心して利用できる公共の宿。高知城やはりまや橋など有名観光地にもほど近く、ビジネスや観光の拠点にぴったりだ。徒歩5分のところには「ひろめ市場」があり、高知の名物を堪能できる。1階のロビーには、観光情報コーナーがあり、季節のイベント情報もキャッチできる。

JR高知駅より土佐電鉄路面電車でグランド通り駅下車すぐ
車▶高知自動車道高知ICより約6km
P▶20台（無料）
送迎▶なし

料理

夕食▶夕食付きプランなし
朝食▶和定食
子ども▶大人と同じメニュー

宿泊料金

素泊まり（税・サ込）
大人　　　　　　　6,050円～
小人（小学生）　　5,324円～

客室●45室（バス付42室）
和3室　洋42室
設備・備品／トイレ、テレビ、冷蔵庫、電気ポット、ドライヤー、空気清浄機など

風呂●和室専用浴室
入浴／15：00～
設備・備品／シャンプー、コンディショナー、ボディーソープ、ドライヤーなど

設備・サービス

Wi-Fi▶客室内可能
一人旅▶素泊まり6,655円～
バリアフリー▶入口に昇降リフト設置。3階に車椅子用トイレあり
その他▶ランドリーコーナー、製氷機、会議室、自動販売機など

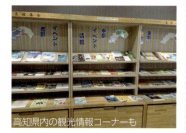
高知県内の観光情報コーナーも

四国 高知県

星ふるヴィレッジ TENGU
ほしふるゔぃれっじ てんぐ

Wi-Fi バリアフリー 一人旅 CARD

☎0889-62-3188　fax:0889-62-3090
高岡郡津野町芳生野乙4921-22
予約●電話・HP・予約サイト　IN/OUT●15:00／10:00　レストラン11:00～14:00
水曜休み　HP●https://village-tengu.com/

毎晩スターウォッチングを開催している

四季折々の雄大な景色からパワーチャージ

　標高約1400m、四国カルストのてっぺんの宿。高知と愛媛の県境にあり、360度の天空が雄大で見晴らし抜群。昼間の眺めはもちろん、条件が合えば、雲海、朝焼け、満天の星空を仰ぐことができる。森林セラピー基地にも認定され、遊歩道も整備。珍しい山野草を観察することができる。併設の学習館ではカルストの歴史を学べる。

JR土讃線須崎駅より高陵交通バス梼原線で約60分、新田下車、車で約30分（タクシーは要予約）
車▶高知自動車道須崎東ICより約53km
P▶200台（無料）
送迎▶冬期の宿泊者に限り可能

料理

夕食▶地元でとれた山菜、四万十源流で育つアメゴなど、山の幸を楽しむ会席料理
朝食▶和定食
子ども▶土佐牛のハンバーグ、エビフライなどの御膳（2,200円）、幼児用プレート（おにぎり、サラダ、フライなど）1,650円

宿泊料金
1泊2食（税・サ込）
大人	12,320円～
小人（小学生）	9,130円
幼児（3歳以上）	6,820円

※シーズン、休前日料金増

客室● 30室（バス付7室）
和9室　洋21室
設備・備品／トイレ、テレビ、電気ポット、お茶セット、タオル、浴衣、カミソリなど

風呂● 大浴場・サウナ
入浴／17:00～22:00
設備・備品／シャンプー、コンディショナー、ボディソープ、ドライヤーなど

設備・サービス
Wi-Fi▶館内完備
一人旅▶1泊2食14,520円～
バリアフリー▶対応客室あり（洋1室）。介助犬客室同室可
その他▶レストラン、ラウンジ売店、パノラマルーム、カルストテラス、プラネタリウム（宿泊者無料）など

太平洋から石鎚山まで望める大展望風呂

条件が合えば雲海を望める

土佐和紙工芸村 くらうど

とさわしこうげいむら くらうど

`Wi-Fi` `一人旅` `CARD`

☎088-892-1001　fax:088-892-1115

吾川郡いの町鹿敷1226

予約●電話・HP・予約サイト　IN/OUT●15：00／10：00　水曜休み
HP●http://www.qraud-kochi.jp/

四国 高知県

体験型の観光拠点としての施設

仁淀川の川面を眺めながら贅沢な自分時間を

　土佐和紙の町、いの町にある、仁淀ブルーで名高い仁淀川の畔に建つ「道の駅・土佐和紙工芸村くらうど」。施設内にあるホテルは、シンプルでスタイリッシュな空間。仁淀川の景色を望みながら極上の時間を過ごせる。そのほか、レストラン、土佐和紙の紙漉きや機織り体験場、産直市などの施設があり、多用途に楽しめる。

JR土讃線伊野駅より県交北部交通バス狩山口・土居・長沢行きで約15分、岩村下車すぐ
車▶高知自動車道伊野ICより国道33・194号経由で約13km
P▶70台（無料）
送迎▶伊野駅から送迎あり（要予約）

料理

夕食▶シェフによるフランス料理のコースをレストランで
朝食▶和食
子ども▶幼児はキッズプレート

宿泊料金

1泊2食（税・サ込）

大人	18,000円～
小人（小学生）	12,600円～
幼児（未就学児）	9,000円～

客室●12室（全室バス・トイレ付）
和5室　洋7室

設備・備品／テレビ、冷蔵庫、電気ポット、お茶セット、タオル、部屋着、カミソリなど

風呂●大浴場・露天風呂・サウナ
入浴／15：00～22：00、6：00～7：30
設備・備品／シャンプー、コンディショナー、ボディーソープ、ドライヤーなど

設備・サービス

Wi-Fi▶客室内可能
一人旅▶1泊2食21,000円～
その他▶レストラン、多目的室、会議室、宴会場、売店など

様々な薬草をブレンドした薬湯

ホテル星羅四万十
ほてるせいらしまんと

四国 高知県

温泉 Wi-Fi バリアフリー 一人旅 CARD

☎0880-52-2225　fax:0880-52-2004
四万十市西土佐用井1100
予約●電話・HP・予約サイト　IN/OUT●16：00／10：00
HP●https://www.seirashimanto.com/

四万十川を望む高台に建つ

美しい風景と満天の星空でおもてなし

　四万十川を包み込む朝霧、川面を彩るカヌー、周囲に連なる山の稜線…最も四万十らしいとされる中流域の風景が一番のおもてなしの宿。「四万十会席」は、天然の鮎や地元の食材にこだわったコース。大浴場「用井温泉（もちい）」では、四万十川を眼下に楽しむことができる。「天体観望会」も開催している。

宿泊料金
1泊2食（税・サ込）
大人　　　　　　12,100円～
小人（小学生）　　8,490円～
幼児（1歳以上）　 4,840円～
※入湯税150円（大人のみ）

展望浴場からの眺望も自慢

客室● 14室（全室洗面・トイレ付）
和6室　洋6室　和洋1室　特別1室
設備・備品／テレビ、冷蔵庫、電気ポット、タオル、浴衣など

風呂● 大浴場・サウナ
入浴／16：00～23：00、6：00～9：00（土日、祝日は11：00～14：00も）
設備・備品／シャンプー、コンディショナー、ボディーソープ、ドライヤーなど

JR予土線江川崎駅より車で約5分
車▶高知自動車道四万十町中央ICより国道381号経由で約56km、松山自動車道三間ICより県道57号経由で約30km
P▶14台（無料）
送迎▶江川崎駅から送迎あり（要予約）

料理

夕食▶天然鮎塩焼きや四万十牛を使った料理などが並ぶ「四万十牛会席」。食事はレストランで
朝食▶天魚の一夜干し、温泉卵などの和定食
子ども▶お子様ランチ、お子様夕定食

設備・サービス
Wi-Fi▶館内完備
一人旅▶1泊2食13,200円～
バリアフリー▶館内完備
その他▶レストラン、喫茶、ティーラウンジ、売店など

満天の星空を楽しむことができる

四万十源流の里

しまんとげんりゅうのさと

Wi-Fi 一人旅 CARD

☎0889-57-2126
高岡郡中土佐町大野見神母野652

予約●電話・HP・予約サイト　IN/OUT●15:00／10:00
HP●https://www.natureresort.jp/

四国 高知県

木の温もりあふれる本館

JR土讃線土佐久礼駅より四万十交通バスで診療所前下車、中土佐コミュニティバスに乗り換え、神母野で下車、徒歩約10分
車▶高知自動車道中土佐ICより約20km
P▶30台（無料）
送迎▶なし

料理

夕食▶バーベキュー手ぶらコース（3,000円）
朝食▶和洋食のお弁当（850円）
子ども▶子ども向けメニューなし

四万十の豊かな自然に包まれて

日本最後の清流「四万十川」の源流域にある支流、桑の又川沿いの、大自然に抱かれたくつろぎの宿。敷地内を清らかな水が流れ、四万十の息吹を体いっぱいに感じることができる。宿は四万十川を見下ろすことができる本館和室と11棟のバンガロー。食事は河辺でのバーベキューもおすすめ。

宿泊料金

素泊まり（税込）
大人　　　　　　　10,000円～
小人（小学生）　　　3,000円～
※未就学児は寝具不要の場合無料（食事なし）、朝食付プランもあり

客室● 16室（バス付5室）
和2室　バンガロー11棟
トレーラーハウス3棟
設備・備品／トイレ、テレビ、電気ポット、お茶セット、タオルなど（バンガローにはなし）

風呂● 大浴場・サウナ
入浴／15:00～21:00
設備・備品／シャンプー、コンディショナー、ボディーソープ、ドライヤー、扇風機など

四万十の原木で作られたログハウス調のバンガロー

設備・サービス

Wi-Fi▶本館のみ可能
一人旅▶1泊10,000円～（食事なし）
その他▶BBQエリア、多目的広場など

バンガローの室内

四国 高知県

宿毛リゾート 椰子の湯
すくもりぞーと やしのゆ

`温泉` `Wi-Fi` `一人旅` `CARD`

☎0880-65-8185　fax:0880-65-8223
宿毛市大島17-27
予約●電話・HP・予約サイト　IN/OUT●15：00／10：00
HP●https://yashinoyu.com/

「日本の渚百選」に選定された浜辺を見下ろす

土佐くろしお鉄道宿毛駅より車で約10分
車▶高知自動車道四万十町中央ICより約77km
P▶60台（無料）
送迎▶なし

心身ともに満たされる極上の時間

　料理、温泉など、極上の時間を過ごせる全室オーシャンビューの宿。料理は、宿毛湾で揚がる絶品の海の幸を堪能できる会席。温泉は四国初大展望棚田状露天風呂を完備し、目の前に広がる広大な太平洋の大パノラマを満喫できる。冬場の夕暮れは宿毛名物「だるま夕日」を眺められる。

料理

夕食▶宿毛湾で揚がった新鮮な魚介など、宿毛ならではの魚料理を中心とした会席料理
朝食▶和洋4種類のおかずが並ぶ朝食膳
子ども▶子ども向け会席

宿泊料金

1泊2食（税・サ込）
大人　　　　　　　14,410円〜
小人（4歳〜小学生）6,600円〜
※4歳未満は無料。土曜、祝前日大人16,390円〜

開放感あふれる桧造りの露天風呂

客室●24室（バス付14室）
洋4室　和洋20室
設備・備品／トイレ、テレビ、冷蔵庫、電気ポット、タオル、浴衣、カミソリなど

風呂●大浴場・露天風呂・サウナ
入浴／13:00〜23:00、6:00〜8:30
設備・備品／シャンプー、コンディショナー、ボディーソープ、ドライヤーなど

設備・サービス

Wi-Fi▶1階ロビー、全客室可能
一人旅▶1泊2食17,160円〜
その他▶レストラン、喫茶、宴会場、売店など

九　州

福岡県 ---------------------- 122

大分県 ---------------------- 127

佐賀県 ---------------------- 129

長崎県 ---------------------- 131

熊本県 ---------------------- 134

宮崎県 ---------------------- 142

鹿児島県 ---------------------- 148

休暇村 志賀島
きゅうかむら しかのしま

九州 福岡県

`温泉` `Wi-Fi` `バリアフリー` `一人旅` `CARD`

☎ 092-603-6631　fax:092-603-6634
福岡市東区大字勝馬1803-1
予約●電話（6か月前の同日9：00～）・HP・予約サイト　IN/OUT●15：00／10：00
HP●https://www.qkamura.or.jp/shikano/

五感が満たされる一周約9.5kmの志賀島の宿

JR香椎線西戸崎駅より休暇村送迎バス（要予約）で約15分
車▶九州自動車道古賀ICより海の中道・県道59号経由で約17km
P▶120台（無料）
送迎▶西戸崎駅、志賀島港より定期送迎バス1日2便あり（要予約）

玄界灘を望むアイランドリゾート

　国宝の金印が発掘されたことで有名な志賀島は、古くから海上交通の要衝として栄え、万葉集にも多くの歌が詠まれた歴史ロマンあふれる島。島で唯一の温泉、休暇村志賀島温泉「金印の湯」は、玄界灘のパノラマを見ながらゆっくりと浸ることができる。客室は全室オーシャンビュー。夏はプールや海水浴も楽しめる。

料理
夕食▶レストランで玄界灘海鮮ビュッフェコース
朝食▶レストランで種類豊富なビュッフェ
子ども▶子ども向け料理あり

宿泊料金
1泊2食（税・サ込）
大人　　　　　13,000円～
小人（4～10歳）　8,000円
幼児（0～3歳）　4,000円
※上記は4名1室利用の1名料金。休前日、オンシーズン2,200円増、トップシーズン3,300円増

客室 ●74室（バス・トイレ付3室、トイレ付き38室）
和41室　洋26室　和洋7室
設備・備品／テレビ、冷蔵庫、電気ポット、タオル、浴衣、ドライヤー、歯ブラシなど完備

風呂 ●大浴場・露天風呂
入浴／15：00～24：00、5：00～9：00
設備・備品／シャンプー、コンディショナー、ボディーソープ、ドライヤーなど

設備・サービス
Wi-Fi▶客室、レストラン、会議室で可能
一人旅▶1泊2食18,000円～
バリアフリー▶対応客室あり（洋2室）、館内完備
その他▶レストラン、喫茶、売店、コインランドリー、プール（夏期のみ）など

金印の湯

目の前がビーチ

KKR ホテル博多
けいけいあーるほてるはかた

`Wi-Fi` `バリアフリー` `一人旅` `CARD`

☎ 092-521-1361　fax:092-521-4881
福岡市中央区薬院4-21-1
予約●電話（3カ月前の1日～）・FAX・HP・予約サイト・フロント　IN/OUT●15：00／11：00
HP●https://www.kkr-hakata.com/

九州　福岡県

博多市街地の中心に立地する便利な宿

JR博多駅博多口より西鉄バス9・10・11・15・16・17番で約15分、南薬院下車すぐ
車▶福岡都市高速道路環状線天神北ランプより南へ約3km
P▶56台（1,000円）
送迎▶なし

緑と光に包まれたシティホテル

　福岡市の中心部に位置し、観光にもビジネスにも最適。天神にほど近く、人気の福岡市動植物園や大濠公園は徒歩圏内。キャナルシティ博多や博多座、福岡ペイペイドームや福岡タワーなど、福岡の見どころへのアクセスも良好だ。「人にやさしい」を第一に考えた客室は、清潔感のある機能的なくつろぎ空間となっている。

宿泊料金
1泊2食（税・サ込）1室2名～
大　人　　18,000円 ～
※小人（小学生まで）寝具不要の場合は無料、食事は別途。宿泊税200円別途

客室●130室（全室バス・トイレ付）
和4室　洋126室
設備・備品／テレビ、冷蔵庫、電気ポット、タオル、パジャマ、ドライヤー、歯ブラシなど

風呂●全客室に浴室完備
備品／シャンプー、コンディショナー、ボディーソープ、ドライヤーなど

料理

夕食▶「和創り萌木」で九州の特産品を使った季節感豊かな料理
朝食▶「レストランアルカモン」で和洋バイキング
子ども▶（夕食）お子様料理900円（朝食）、小学生1,100円、未就学児無料

設備・サービス
Wi-Fi▶館内完備
一人旅▶1泊2食19,000円～
バリアフリー▶対応客室1室あり、介護犬可、車椅子貸し出しあり
その他▶レストラン、ティーラウンジ、コインランドリー、宴会場、結婚式場など

エントランスホール

国民宿舎 マリンテラスあしや
こくみんしゅくしゃ まりんてらすあしや

九州 福岡県

`Wi-Fi` `バリアフリー` `一人旅` `喫 煙` `CARD`

☎093-223-1081　fax:093-222-0399

遠賀郡芦屋町山鹿1588

予約●電話・HP・予約サイト　IN/OUT●14：00／10：00

HP▶https://m-ashiya.net/

北九州の奥座敷、芦屋の自然の中に建つ

響灘の絶景が楽しめる宿

　目の前に雄大な海が広がる全室オーシャンビューの絶景ホテル。響灘に沈む夕日を見ながらの展望露天風呂も格別。潮騒を聞きながら日替わりで岩風呂と御影石風呂を楽しめる。レストランで味わえる、毎朝芦屋の港に水揚げされる鮮魚料理も絶品。ゲームコーナーやリラグゼーションサロンもあり、日常を忘れてゆったりと過ごせる。

JR鹿児島本線折尾駅より北九州市営バス90・91番粟屋行きで約30分、山鹿郵便局前下車、徒歩約10分
車▶九州自動車道鞍手ICより北へ約18km
P▶100台（無料）
送迎▶折尾駅から送迎あり（要予約）

料 理

夕食▶彩り会席4,600円、華やぎ会席6,900円、極み会席9,200円
朝食▶和定食1,650円
子ども▶子ども向け料理あり

宿泊料金

1泊2食（税・サ込）

大人	11,000円〜
小人（小学生）	7,700円〜
幼児（3歳以上）	5,500円〜

※宿泊税（200円）は別途

客室●30室（バス付9室）
和22室　洋6室　和洋2室
設備・備品／トイレ、テレビ、冷蔵庫、電気ポット、タオル、浴衣、ドライヤー、歯ブラシなど

風呂●大浴場・露天風呂・サウナ
入浴／14：00〜23：00、6：30〜9：00
設備・備品／シャンプー、コンディショナー、ボディーソープ、ドライヤーなど

設備・サービス

Wi-Fi▶館内完備
一人旅▶追加料金2,200円
バリアフリー▶対応可（和洋室）、介護犬可、車椅子貸し出しあり
その他▶レストラン、売店、ゲームコーナー、リラグゼーションサロン、コインランドリーなど

海を望むレストラン

星野温泉 池の山荘
ほしのおんせん いけのやまそう

九州 福岡県

`温泉` `Wi-Fi` `バリアフリー` `一人旅` `CARD`

☎0943-52-2082　fax:0943-52-3662
八女市星野村10780-58

予約●電話・HP・予約サイト　IN/OUT●15：00／10：00　不定休
HP●https://www.hoshinomura-ikenoyama.com/

星空とお茶（玉露）が有名な星野村の宿

JR鹿児島本線羽犬塚駅より堀川バスで八女市福島乗り換え、星野行きで約90分、池の山前下車、徒歩約15分
車▶九州自動車八女ICより国道442・県道52号経由で約33km
P▶50台（無料）
送迎▶なし

木の香りに包まれた和モダン空間

　星のふるさと公園内にあり、四季折々の自然を楽しめる。村を一望できる大浴場や露天風呂、半屋外の気分で入浴できる家族風呂をはじめ、半露天風呂付きの客室もあり、落ち着いた癒しの空間が広がる。湖を眺めながら食事ができるレストランも人気。近くの星の文化館や茶の文化館では、星の観測や抹茶挽き臼体験も。

料理

夕食▶レストランで会席料理。刺身、焼物、揚げ物など、地元食材を使った料理
朝食▶レストランで和食。八寸、焼き魚など
子ども▶お子様ランチ、子供膳（お子様ランチのボリュームアップ、刺身、茶わん蒸し）

宿泊料金
1泊2食（税・サ込）
大人　　　　　10,980円〜
小人（4歳〜小学生）6,500円〜
※休前日1,000円増。入湯税150円（大人のみ）、宿泊税200円（大人・小人）

客室●14室（バス付6室）
和10室　洋2室　和洋2室
設備・備品／トイレ、テレビ、冷蔵庫、電気ポット、タオル、歯ブラシ、シェーバーなど

風呂●大浴場・露天風呂
入浴／15：00〜24：00、5：30〜9：00
設備・備品／シャンプー、リンス、ボディーソープ、ドライヤー、ベビーベッドなど。家族風呂受付11：00〜20：00（50分1,530円）

設備・サービス
Wi-Fi▶館内完備
一人旅▶追加料金4,000円（1名1室利用）
バリアフリー▶対応客室あり（1階洋室）
その他▶レストラン、売店、大浴場休憩所、ロッジ、バンガロー、キャンプ場など

開放感たっぷり「みはらしの湯」

福岡リーセントホテル

ふくおかりーせんとほてる

九州 福岡県

Wi-Fi　バリアフリー　一人旅　CARD

☎092-641-7741　fax:092-641-5851
福岡市東区箱崎2-52-1
予約●電話・HP・予約サイト　IN/OUT●15：00／11：00
HP●https://www.recent-hotel.com/

地下鉄の駅近、アクセス抜群の快適ホテル

JR博多駅より地下鉄空港線・箱崎線で約9分、箱崎宮前駅下車徒歩約4分
車▶福岡都市高速東浜ランプより一般道、国道3号経由で約4km
P▶60台（1泊500円）
送迎▶なし

料理

玄界灘の食材を使った会席料理

夕食▶セットメニュー、本格会席料理など、和食・洋食・中華のメニュー豊富
朝食▶和洋バイキング形式（予約状況により和洋御膳の場合あり）
子ども▶年齢に応じたお子様プレートあり

観光の拠点に最適な都会の宿

玄界灘の海の幸や、四季折々の地元九州・福岡の旬の食材を使った料理と、心尽くしのおもてなしが自慢の宿。筥崎宮、太宰府天満宮などのパワースポットや、海の中道などのレジャースポット、繁華街天神地区や中洲地区にも近く、アクセスも良好。サウナ付大浴場もある。

宿泊料金

1泊2食（税・サ込）

大人	11,000円〜
小人（小学生）	7,500円〜
幼児（4歳以上）	6,000円〜

※宿泊税・入湯税別途、休前日は割増料金

サウナ付大浴場

客室●53室（バス付49室）
和11室　洋42室

設備・備品／トイレ、テレビ、冷蔵庫、加湿空気清浄機、電気ポット、タオル、アメニティグッズ、パジャマなど

風呂●大浴場・サウナ
入浴／17：00〜24：00
設備・備品／シャンプー、コンディショナー、ボディーソープ、ドライヤーなど

設備・サービス

Wi-Fi▶館内完備
一人旅▶1泊2食付11,000円〜
バリアフリー▶多目的トイレあり
その他▶レストラン、ティーラウンジ、宴会場など

別府 豊泉荘
べっぷ ほうせんそう

`温泉` `Wi-Fi` `バリアフリー` `一人旅` `CARD`

☎0977-23-4281　fax:0977-25-3798
別府市青山町5-73

予約●電話・HP・予約サイト　IN/OUT●15：00／10：00
HP●https://www.housensou.com/

花のような潤いのおもてなしの宿

九州 大分県

JR日豊本線別府駅より徒歩10分
車▶東九州自動車道別府ICより県道52号経由で約6km
P▶100台（無料）
送迎▶なし

特別な湯処別府・源泉かけ流しの宿

　2つの泉源から絶え間なくとうとうと湧き出る掛け流しの湯で、大浴場・純日本庭園に囲まれた露天風呂など、湯処別府の格別な癒しを堪能できる。落ち着きのある客室はゆったりとくつろげ、豊後の山海の幸を盛り込んだ創作料理も楽しめる。駅からも近く、別府温泉巡り、大分観光にも最適。

料理

桶盛御膳

夕食▶夕食会場で和食会席
朝食▶朝食会場で和朝食
子ども▶子ども用定食あり

宿泊料金

1泊2食（税・サ込）

大人	8,900円〜
小人（小学生）	3,800円〜
幼児（未就学児）	2,800円〜

※客室料金は変動あり。入湯税は別途

客室●33室（バス付11室）
和25室 洋8室

設備・備品／トイレ、テレビ、冷蔵庫、電気ポット、タオル、くつろぎ着、アメニティグッズなど

風呂●大浴場・露天風呂

入浴／15:00〜24:00、6:00〜9:00
設備・備品／シャンプー、リンス、ボディーソープ、タオル、ドライヤーなど

設備・サービス

Wi-Fi▶館内完備
一人旅▶HPで要確認
バリアフリー▶対応客室あり
その他▶レストラン、宿泊者専用バー、売店、宴会場、選べる浴衣コーナー、マッサージ機コーナー、喫煙ブースなど

上質な泉質の「美肌の湯」

九州 大分県

ホテルベイグランド国東
ほてるべいぐらんどくにさき

`Wi-Fi` `バリアフリー` `一人旅` `CARD`

☎0978-72-4111　fax:0978-72-4114
国東市国東町小原4005
予約●電話・HP・予約サイト　IN/OUT●15:00／10:00
HP●https://www.hotel-baygrand.ks-rondo.net/

家族旅行にもぴったりの宿

JR日豊本線杵築駅より国東行きバスで約40分、黒津崎海岸下車徒歩約2分、大分空港からタクシーで約10分
車▶大分自動車道速見ICより大分空港道路、国道213号経由約21km
P▶100台（無料）
送迎▶なし

海越しに眺める美しい夕陽と朝日

　国東半島の東岸沿いにある、大分空港まで車で約10分の好立地が魅力のホテル。世界遺産をめざす六郷満山や宇佐神宮などを巡る拠点にも最適。全客室オーシャンビューで、ゆったりと過ごすことができる。山の幸・海の幸を味わえるレストラン、夏期はプールも楽しめる。

料理

夕食▶レストランで会席料理など
朝食▶レストランでメニュー豊富な朝食
子ども▶子ども用朝食、夕食ランチあり

宿泊料金

1泊2食（税・サ込）
大人	9,350円〜
小人（4歳〜小学生）	6,028円〜
幼児（3歳以下）	5,423円〜

※GW、夏季、年末年始などは別料金

客室●33室（バス付6室）
和24室　洋6室　和洋3室
設備・備品／トイレ、テレビ、冷蔵庫、タオル、浴衣、アメニティグッズなど

風呂●大浴場・サウナ
入浴／15:30〜23:00、6:00〜8:30
備品／シャンプー、コンディショナー、ボディーソープ、ドライヤーなど

設備・サービス

Wi-Fi▶館内完備
一人旅▶1泊2食10,230円〜
バリアフリー▶バリアフリー（車椅子）対応客室あり、盲導犬可
その他▶レストラン、売店、レンタサイクル、プール（夏期）、ピザ窯体験、会議室など

展望大浴場

グランデはがくれ

`Wi-Fi` `一人旅` `CARD`

☎ **0952-25-2212**　fax:0952-24-2727
佐賀市天神2-1-36
予約●電話・HP・予約サイト　IN/OUT●15：00／10：00
https://www.grande-hagakure.com

九州　佐賀県

緑に囲まれた閑静な佇まい

佐賀市中心部の便利な宿

　JR佐賀駅、佐賀駅バスセンターからほど近く、佐賀観光の拠点にぴったり。九州最大級の規模を誇るSAGAアリーナへも徒歩20分ほど。中心市街地でありながら、静かで落ち着いた環境が魅力。佐賀の郷土料理会席など、四季折々の味わいが楽しめるレストランも人気だ。

JR長崎本線佐賀駅より徒歩約7分
車▶長崎自動車道佐賀大和ICより国道263号で約7km
P▶170台（有料）
送迎▶なし

料理

カフェ＆レストラン「はなかご」

夕食▶佐賀牛会席・郷土料理プランなど（レストラン18：00〜21：00（20：00LO）
朝食▶モーニングビュッフェ（レストラン7：00〜9：00LO）
子ども▶子どもランチあり

宿泊料金

1泊2食（税・サ込）
大人　　　　　　　11,400円〜
小人（3歳〜小学生）6,000円〜
※幼児（未就学児）無料
※繁忙期、年末年始などは、要問い合わせ

客室●32室（全室バス・トイレ付）
和5室　洋26室　和洋1室
設備・備品／テレビ、冷蔵庫、湯沸かしポット、アメニティバーあり

風呂● 全客室に浴室完備
設備・備品／シャンプー、コンディショナー、ボディーソープ、ドライヤーなど

設備・サービス

Wi-Fi▶館内完備
一人旅▶11,400円〜、詳細は要確認
バリアフリー▶一部対応
その他▶レストラン、お土産コーナー、宴会場、会議室、結婚式場など

九州 佐賀県

国民宿舎 いろは島
こくみんしゅくしゃ いろはじま

温泉 Wi-Fi 一人旅 CARD

☎0955-53-2111　fax:0955-53-2112
唐津市肥前町満越886-1
予約●電話・HP・予約サイト　IN/OUT●15：00／10：00
HP●http://www.irohajima.com/

目の前はプライベートビーチ

JR筑肥線唐津駅より車で約30分
車▶西九州自動車道北波多ICより国道50・県道204号経由で約15km
P▶68台（無料）
送迎▶唐津駅から送迎あり（要予約）

料理

夕食▶レストランで地元の旬の食材を使った会席料理
朝食▶レストランで和食。手作りとろとろ豆乳湯豆腐、七輪の炭火で焼く干物など。刺身と出汁のお茶漬けもあり
子ども▶お子様用料理あり

美人の湯と絶景と海の幸と

弘法大師もみとれたといわれる、大小46もの島々・いろは島の絶景を、客室はもちろんレストランや大浴場からも楽しめる。九州でもトップクラスpH8.6のアルカリ泉「美人の湯」は、とろりつるつるの肌触り。四季折々の海の幸、佐賀ブランドの佐賀牛など、山と海に囲まれた唐津ならではの自慢の料理も堪能できる。

宿泊料金

1泊2食（税・サ込）
大人　　　　　　11,000円～
小人（小学生）　　7,500円～
※土曜12,100円～、繁忙期14,300円～。入湯税150円（大人のみ）

客室●25室（バス・トイレ付2室）
和23室　洋2室
設備・備品／テレビ、電気ポット、タオル、歯ブラシ、カミソリなど

風呂●大浴場
入浴／10：00～23：00、6：00～9：00
設備・備品／シャンプー、リンス、ボディーソープ、ドライヤーなど

設備・サービス

Wi-Fi▶館内完備
一人旅▶要問い合わせ
その他▶レストラン、売店、休憩スペースなど

つるつる温泉美人の湯

公共の宿 くじゃく荘
こうきょうのやど くじゃくそう

九州 長崎県

Wi-Fi バリアフリー 一人旅 CARD

☎0956-82-2661　fax:0956-83-3210
東彼杵郡川棚町小串郷272
予約●電話・HP・予約サイト　IN/OUT●15：00／10：00
HP●https://kujakusou.kankou-kawatana.jp/

全室オーシャンビュー。春は周辺に桜が咲き誇る

JR大村線川棚駅よりタクシーで12分
車▶長崎自動車道東そのぎICから車で約13km
P▶120台（無料）
送迎▶要予約（8名以上）

料理

夕食▶レストランで宿泊用定食、長崎和牛コース、海鮮コースなど
朝食▶レストランで和食定食
子ども▶お子様ランチあり

アクティビティ豊富で幅広く遊べる

　夏はプール、目の前の海水浴場で海水浴やマリンスポーツ、登山や釣り、温泉まで幅広い楽しみ方ができる。周辺のサイクリングやウォーキングもおすすめ。ハウステンボスへも車で15分という好立地だ。大村湾を一望する展望露天風呂から眺める夕陽は絶景。四季折々の料理も堪能できる。

宿泊料金

1泊2食（税・サ込）

大人	10,050円〜
小人（小学生高学年）	8,400円〜
小人（小学生低学年）	7,100円〜
幼児（3歳以上）	4,550円〜

※シーズン・トップシーズンは別料金

客室●37室（バス付18室）
和26室　洋10室　和洋1室
設備・備品／テレビ、冷蔵庫、電気ポット、タオル、歯ブラシ、浴衣など

風呂●大浴場・露天風呂・サウナ
入浴／15：00〜23：00、6：00〜9：00
設備・備品／シャンプー、コンディショナー、ボディーソープ、ドライヤーなど

設備・サービス

Wi-Fi▶館内完備
一人旅▶1泊2食11,200円〜
バリアフリー▶対応客室あり
その他▶レストラン、会議室、プール（夏期）など

九州 長崎県

ホテルセントヒル長崎
ほてるせんとひるながさき

Wi-Fi　バリアフリー　一人旅　CARD

☎095-822-2251　　fax:095-826-4732
長崎市筑後町4-10
予約●電話・HP・予約サイト　IN/OUT●15：00／10：00
HP●https://www.saint-hill.jp/

観光・ビジネスに便利なプランを用意

長崎を満喫する拠点にぴったり

　長崎市中心部の小高い丘にあるホテル。JR長崎駅や軍艦島への連絡船乗り場にも近く、市内に2つある世界遺産巡りなど、観光の交通アクセスも抜群。シングルをはじめ、各客室はゆったりとした広さで、12畳の和室はファミリーでの利用に最適。長崎近海の鮮魚や郷土料理など、長崎らしさあふれる料理も好評。

JR長崎駅より徒歩15分
車▶長崎自動車道長崎ICより5分、約6km
P▶21台（1泊1000円先着順）
送迎▶なし

料理

朝食

夕食▶長崎食文化の特色である和洋中料理を取り入れ、地元食材を生かした夕食
朝食▶地元食材を生かした長崎らしいハーフバイキング形式。カレーも人気
子ども▶お子様ランチの用意可能

宿泊料金
1泊2食（税・サ込）
大人　　　　　　　14,520円〜
小人（4歳〜小学生）6,800円〜
幼児（3歳まで）6,800円（アメニティ付）
※幼児、夕食のみ2,420円、朝食のみ726円

客室●30室(全室バス・トイレ付)
和4室　洋24室　和洋2室
設備・備品／テレビ、冷蔵庫、電気ポット、タオル、歯ブラシ、ナイトウエアなど

風呂●全客室に浴室完備
設備・備品／シャンプー、コンディショナー、ボディーソープ、ドライヤーなど

設備・サービス
Wi-Fi▶館内完備
一人旅▶1泊2食14,520円〜
バリアフリー▶1階ロビーバリアフリートイレあり
その他▶レストラン、宴会場、会議室など

落ち着いた雰囲気でくつろげる和室

国民宿舎 壱岐島荘
こくみんしゅくしゃ いきじまそう

九州 長崎県

温泉 | Wi-Fi | バリアフリー | 一人旅 | CARD

☎0920-43-0124　fax:0920-43-0125
壱岐市勝本町立石西触101
予約●電話（180日前～）・HP・予約サイト　IN/OUT●16：00／10：00
HP●https://ikijimasou.com/

湯ノ本湾の絶景が楽しめる素朴な宿

博多港、唐津東港よりフェリーまたは高速船で壱岐島へ。郷ノ浦港より車で約20分、芦辺港より車で約15分、印通寺港・壱岐空港より車で約25分
P▶30台（無料）
送迎▶郷ノ浦港、芦辺港、印通寺港、壱岐空港から送迎あり（要予約）

壱岐の小高い丘の上に建つ温泉宿

　美しい自然に恵まれた壱岐島で唯一の自然温泉郷・湯ノ本温泉にあり、源泉掛け流しの眺望風呂が楽しめる。東シナ海・湯ノ本湾に沈む夕日の素晴らしさは格別。展望レストランでは壱岐牛やヒラメ、鯛、サザエ、アワビなど贅沢な壱岐グルメを堪能できる。貸し竿（1,200円）を借りて、ゆっくり海に向かうのも一興。

料理

夕食▶レストランまたは宴会場で地元の旬の食材を使った料理
朝食▶レストランまたは宴会場で和洋バイキングまたは和定食
子ども▶お子さまランチ（990円）

宿泊料金

1泊2食（税・サ込）
大人	8,360円～
小人（小学生）	7,260円～

※幼児（未就学児）寝具不要の場合は無料、食事は別途。休前日、7/19～8/16、12/29～1/3は1,100円増。入湯税150円（大人のみ）

客室●21室
和21室
設備・備品／テレビ、電気ポット、タオル、歯ブラシ、ドライヤー、浴衣など

風呂●大浴場
入浴／6：00～22：00
設備・備品／シャンプー、リンス、ボディーソープ、ドライヤーなど。家族風呂あり

設備・サービス
Wi-Fi▶館内フリースポット対応
一人旅▶1泊2食8,910円～（土曜、休前日を除く）
バリアフリー▶館内一部対応
その他▶レストラン、売店、宴会場、健康管理室、リクライニングマッサージチェアなど

展望大浴場

夕日の美しさは別格

KKR ホテル熊本
けいけいあーるほてるくまもと

九州 熊本県

Wi-Fi バリアフリー 一人旅 ペット CARD

☎096-355-0121　　fax:096-355-7955
熊本市中央区千葉城町3-31
予約●電話・HP・予約サイト　IN/OUT●15：00／11：00
HP●http://www.kkr-hotel-kumamoto.com/

「日本の四季を愛でること」をコンセプトに2017年客室をリニューアル

JR鹿児島本線熊本駅より市電A系統で熊本城・市役所前下車、徒歩約10分
車▶九州自動車道熊本ICより国道57号経由で約9km
P▶90台（1泊1,000円）
送迎▶なし

熊本城に近い居心地のよさ抜群のホテル

　熊本城に一番近いホテルで、天守閣を一望できるキャッスルビューの客室も。居心地のよさを重視し、客室のベッドはすべてシモンズ社製のマットレスを採用。快適な眠りを体感できる。ペット専用別棟ペットハウス「ペッドリーム」があり、ペット（犬）の宿泊も可能。快適な空間に愛犬を預けることができ、安心。

料理

夕食▶和食「まつり」で、熊本の食を楽しめるコース料理など
朝食▶熊本城を望むレストランで、熊本でしか味わえない郷土料理など、こだわりのバイキング
子ども▶お子様ランチあり

宿泊料金

1泊2食（税・サ込）
大人　　　　　　13,850円～
小人（小学生）　13,050円～
幼児（4歳以上）11,250円～
※寝具不要の場合（幼児）は要問い合わせ。休前日1,000円増

客室● 54室(全室バス・トイレ付)
洋52室　和洋2室
設備・備品／テレビ、冷蔵庫、電気ポット、タオル、歯ブラシ、カミソリ、ドライヤーなど

風呂● 全客室に浴室完備
備品／シャンプー、リンス、ボディーソープ、ドライヤーなど

設備・サービス

Wi-Fi▶客室内可能
一人旅▶1泊2食13,850円～
バリアフリー▶館内一部対応。車椅子可
その他▶レストラン、ティーラウンジ、ペットのお預かりペッドリーム、宴会場など

ペット（犬）も宿泊OK！

休暇村 南阿蘇

きゅうかむら みなみあそ

温泉　Wi-Fi　バリアフリー　一人旅　CARD

☎0967-62-2111　fax:0967-62-2100
阿蘇郡高森町高森3219

予約●電話（6カ月前の同日10：00〜）・HP・予約サイト　IN/OUT●15：00／10：00
HP●https://www.qkamura.or.jp/aso/

九州　熊本県

阿蘇の大自然に包まれた高原リゾート

JR鹿児島本線熊本駅より産交バス快速たかもり号で約120分、高森中央下車、休暇村送迎バスで約10分
車▶九州自動車道熊本ICより国道57号経由で約40km
P▶150台（無料）
送迎▶高森中央バス停、または高森駅から送迎あり（要予約）

世界一のカルデラの中の絶景と温泉

周囲約100kmのカルデラの南東部に位置する休暇村。絹のように柔らかい肌触りがうれしい天然温泉「色見の湯」からも、阿蘇の山々が一望できる。客室は落ち着いた和室を中心に、くまモンルームなどのコンセプトルームも。四季折々の阿蘇の自然や、山女魚の塩焼き、だご汁など、阿蘇の旬の味覚をビュッフェで楽しめる。

料理

夕食▶レストランで阿蘇の味覚ビュッフェ。阿蘇の郷土料理など約30種類以上
朝食▶品揃え豊富な朝食ビュッフェ
子ども▶子ども向けメニューあり

宿泊料金

1泊2食（税・サ込）
大人　　　　　　　13,000円〜
小人（小学生）　　 7,000円〜
幼児（4歳以上）　　3,500円〜

※オンシーズン・土曜、設定日大人2,200円増、トップシーズン・土曜、設定日は大人3,300円増

客室●70室（バス付36室）
和61室　洋9室
設備・備品／トイレ、テレビ、冷蔵庫、電気ポット、タオル、歯ブラシ、ドライヤーなど

風呂●大浴場・露天風呂・サウナ
入浴／13：00〜24：00、5：30〜9：00
設備・備品／シャンプー、リンス、ボディーソープ、ドライヤーなど

設備・サービス

Wi-Fi▶館内完備
一人旅▶1名1室16,000円〜
バリアフリー▶館内一部対応
その他▶レストラン、売店、カラオケルーム、コインランドリー、マッサージコーナー、キッズコーナー、卓球コーナー、キャンプ場など

テニスやグラウンドゴルフもできる

そよ風パーク

そよかぜぱーく

九州 熊本県

`Wi-Fi` `一人旅` `CARD`

☎0967-83-0880　fax:0967-83-1331

上益城郡山都町今297

予約●電話・HP・予約サイト　IN/OUT●15:00／10:00

HP●https://soyokaze-park.jp

大自然に抱かれて阿蘇のパワーをもらえる宿

九州のへそにある泊まれる道の駅

阿蘇五岳〜九州連山〜祖母山のパノラマを満喫できる、豊かな自然に囲まれた宿。広々した敷地にホテル、レストラン、物産館があり、広場ではサッカーやグラウンドゴルフができる道の駅だ。春の桜、初夏の緑、秋の紅葉、冬の星空と、四季折々の景色が楽しめる。朝、昼、夜、それぞれに趣を変えるくつろぎ空間が自慢。

南阿蘇鉄道高森駅より車で約20分
車▶九州中央自動車道山都通潤橋IC（2023年度開通）より約20km
P▶30台（無料）
送迎▶なし

料理

夕食▶別館レストランでフレンチ
朝食▶別館レストランで和食
子ども▶別館レストランで

宿泊料金

1泊2食（税・サ込）
大人　　　　　　　9,000円〜
小人（小学生）　　7,500円〜
幼児（4歳〜）　　6,000円〜
※上記は平日3名以上1室の場合

客室●19室

和3室　洋9室　コテージ7棟
設備・備品／テレビ、冷蔵庫、電気ポット、タオル、歯ブラシ、ドライヤー、部屋着など

風呂●大浴場

入浴／15:00〜24:00、6:00〜9:00
設備・備品／シャンプー、リンス、ボディーソープ、ドライヤーなど

設備・サービス

Wi-Fi▶ホテル本館完備
一人旅▶1泊2食13,000円〜
バリアフリー▶館内一部対応
その他▶レストラン（別棟）、物産館（別棟）、グラウンドなど

アスレチック遊具

ランチバイキングも人気

ゆのまえ温泉 湯楽里
ゆのまえおんせん ゆらり

`温泉` `Wi-Fi` `一人旅` `CARD`

☎0966-43-4126　fax:0966-43-4311
球磨郡湯前町1588-7
予約●電話（6カ月前～）・HP・予約サイト　IN/OUT●15:00／10:00　第2・4月曜休み（祝日の場合は翌日）
HP●https://www.y-yurari.co.jp/

九州 熊本県

ひらがなの「ゆ」の字をイメージして設計された建物

車▶九州自動車道人吉ICより広域農道（フルーティロード）経由で約30km
P▶70台（無料）
送迎▶あり（団体のみ）
※JR肥薩線・くま川鉄道は当分不通のため電車以外をご利用ください

奥球磨の山間にある潮湯でゆったり

　ゆのまえ温泉は山間部では珍しい潮湯の温泉で、標高250mの丘の上にあるため開放感たっぷりで眺めも抜群。やわらかな肌触りの湯は美肌効果が絶大。敷地内には公園があり、広大な芝広場やキャンプ場などアウトドア施設も充実。自然を満喫しながらのんびり過ごすことができる。

宿泊料金
1泊2食（税・サ込）
大人（12歳以上）　12,250円～
小人（3歳以上）　6,050円～
※休前日は特別料金

客室●10室（全室バス・トイレ付）
和7室　洋3室
設備・備品／テレビ、冷蔵庫、電気ポット、タオル、歯ブラシ、浴衣、ドライヤーなど

ご当地メニュー「豚の骨かぶり」

風呂●大浴場・露天風呂・サウナ
入浴／10:00～22:00
設備・備品／シャンプー、リンス、ボディーソープ、ドライヤーなど。家族風呂あり

料理

夕食▶レストランで旬の食材を使った「おまかせ会席」。ほかにご当地メニュー、単品メニューあり
朝食▶レストランで和食
子ども▶お子様ランチあり

設備・サービス
Wi-Fi▶本館のみ可能
一人旅▶1泊2食13,900円（平日）
その他▶レストラン、売店、ゴーカート、グラウンド・ゴルフ場など

山々を眺める高台に建つ

九州 熊本県
一勝地温泉 かわせみ
いっしょうちおんせん かわせみ

温泉 Wi-Fi バリアフリー 一人旅 CARD

☎0966-32-0200　fax:0966-32-0221
球磨郡球磨村一勝地乙39-2
予約●電話・HP・予約サイト　IN/OUT●15：00／10：00　水曜休み（祝日の場合は翌日）
HP●https://kawasemi-kuma.jp/

日本三大急流の一つ球磨川近く、緑に抱かれたやすらぎの地

車▶九州自動車道人吉ICより国道219号経由で約15km
P▶80台（無料）
送迎▶なし
※JR肥薩線・くま川鉄道は当分不通のため電車以外をご利用ください

球磨川のそばの癒しの湯

　肌をすべるとろとろとしたやわらかな湯ざわりで、リラックス効果抜群の一勝地温泉。山並みを眺めて森林浴気分に浸れる露天風呂や電気風呂、石風呂も楽しめる。美しい棚田や古民家が点在する球磨村は、まるで絵画のような日本の原風景。客室からは、四季折々の里山の景色が眺められる。キャンプ場も完備。

料理

夕食▶宴会場で地元の食材を使った会席料理
朝食▶レストランで和食膳
※レストランメニューからオーダーOK

宿泊料金
1泊2食（税・サ込）
大人	13,000円
小学生	7,740円
3歳以上（部屋代のみ）	1,620円

※入湯税150円（大人のみ）

客室●10室
和10室
設備・備品／トイレ、テレビ、冷蔵庫、電気ポット、タオル、歯ブラシ、ドライヤー、浴衣など

風呂●大浴場・露天風呂・サウナ
入浴／10：00～21：00、6：00～8：00
設備・備品／シャンプー、リンス、ボディーソープ、ドライヤーなど

設備・サービス
Wi-Fi▶あり
一人旅▶1泊2食13,500円～
バリアフリー▶館内一部対応、車椅子貸し出しあり
その他▶レストラン、宴会場、キャンプ場など

山江温泉 ほたる
やまえおんせんほたる

九州 熊本県

|温 泉|Wi-Fi|バリアフリー|一人旅|CARD|

☎0966-22-7171　fax:0966-23-3093
球磨郡山江村大字万江甲423
予約●電話・HP・予約サイト　IN/OUT●15：00／10：00
HP●https://hotarunomura.com

山沿いの風情豊かな建物。温泉棟は蛍をイメージ

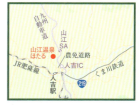

車▶九州自動車道人吉ICより農免道路経由で約5km
P▶100台（無料）
送迎▶人吉駅・人吉ICから送迎あり（要予約）
※JR肥薩線・くま川鉄道は当分不通のため電車以外をご利用ください

ほのぼのとぬくもり染みる12種類の湯三昧

　静かな山里にある、地下1000mから噴出するナトリウム炭酸水素塩泉で、スーパーマイナスイオン陶板浴、歩行浴、低周波風呂など12種類の温泉を完備。夜の露天風呂から見る桜や蛍の乱舞、満天の星空は最高。季節と自然と温泉の究極のコラボを楽しめる。露天風呂や檜風呂付きの客室もあり、温泉三昧を堪能できる。

料　理

夕食▶大広間で会席料理（釜飯・鮎の塩焼き・刺身・天ぷらなど約10品）※季節により異なる
朝食▶大広間でハムエッグ・焼き魚・和え物など8品ほど
子ども▶お子様ランチあり（小学生まで）

宿泊料金

1泊2食（税・サ込）
大人（小学生以上）　14,000円〜
小人（未就学児）　8,400円

客室●10室（温泉付4室）
和10室
設備・備品／トイレ、テレビ、冷蔵庫、電気ポット、タオル、歯ブラシ、ドライヤーなど

風呂●大浴場・露天風呂・サウナ
入浴／6：00〜22：00
設備・備品／リンスインシャンプー、ボディーソープ、ドライヤーなど

設備・サービス

Wi-Fi▶館内完備
一人旅▶追加料金1,080円
バリアフリー▶対応客室あり（4室）
その他▶食堂、特産品販売コーナー、山江村物産館、大広間など

「山江村物産館ゆっくり」

さがら温泉 茶湯里
さがらおんせん さゆり

九州 熊本県

温泉 | Wi-Fi | バリアフリー | 一人旅 | CARD

☎0966-25-8111　fax:0966-25-8113
球磨郡相良村深水2136
予約●電話・予約サイト　IN/OUT●15:00／10:00
HP●https://hpdsp.jp/sayuri-yu/

星空が美しいことでも知られる温泉宿

小高い丘の上に建つ総合リゾート

　お茶処相良村の広大な敷地に、温泉や温水プール、グラウンドゴルフ場などをもつ複合リゾート施設。源泉掛け流しの露天風呂は、ナトリウム炭酸水素塩泉。肩こりや腰痛に効く低周波風呂なども楽しめる。ゆず湯など季節のイベントや、夏はウォータースライダーを備えた屋内プールも人気。

宿泊料金
1泊2食（税・サ込）
大人	11,500円〜
小人（小学生）	8,155円〜
幼児（4歳以上）	5,825円〜

※入湯税150円（大人のみ）

露天風呂

客室●19室（バス付14室）
和5室　洋4室　和洋4室　離れ1
ログハウス5棟
設備・備品／トイレ、テレビ、冷蔵庫、電気ポット、タオル、歯ブラシ、ドライヤー、浴衣など

風呂●大浴場・露天風呂・サウナ
入浴／6:00〜22:00
設備・備品／シャンプー、リンス、ボディーソープ、ドライヤーなど。低周波風呂あり

車▶九州自動車道人吉ICより国道445号経由で約6km
P▶100台（無料）
送迎▶なし
※JR肥薩線・くま川鉄道は当分不通のため電車以外をご利用ください

料理

夕食▶旬の食材を多用した創作会席料理
朝食▶和定食
子ども▶お子様ランチ風（夕食・朝食）あり

設備・サービス
Wi-Fi▶ロビー周辺で可能
一人旅▶1泊2食12,600円〜
バリアフリー▶対応客室あり、階段に1人用リフトあり
その他▶レストラン、ホール、売店、宴会場、屋内プール、グラウンドゴルフ場など

牛深温泉 やすらぎ荘
うしぶかおんせん やすらぎそう

`温泉` `Wi-Fi` `バリアフリー` `一人旅` `喫煙` `CARD`

☎ 0969-72-6666　fax:0969-73-5015
天草市久玉町内の原2193
予約●電話・HP・予約サイト　IN/OUT●15:00／10:00　第3火曜休み（3・8・12月は無休）
HP●https://ushibuka-yasuragi.com/

九州 熊本県

心ほどける時間が過ごせるくつろぎ空間

JR鹿児島本線熊本駅より産交バス天草行きで本渡バスセンター乗り換え、牛深行きでうしぶか温泉前下車、徒歩約5分（熊本駅より約180分）
車▶九州自動車道松橋ICより国道266号経由で約105km
P▶100台（無料）
送迎▶天草内送迎あり（無料、要予約）

とうとうと湧き出る温泉で癒される

弱アルカリ性の天然温泉「牛深温泉・やすらぎの湯」が楽しめるやすらぎ荘。露天風呂やミストサウナもあり、心身ともに温まる。新鮮な海の幸をふんだんに使った料理が自慢で、天草産の天草黒毛和牛・天草大王・地元産の宝牧豚など肉料理も充実。木のぬくもりが感じられる館内は、バリアフリーにも対応していて安心。

料理

夕食▶海の幸を中心とした会席料理
朝食▶和定食
子ども▶お子さまランチあり

宿泊料金
1泊2食（税・サ込）
大人　　　　　　13,350円〜
小人（3歳〜小学生）6,600円〜
※幼児（3歳未満）寝具不要の場合は無料、食事は別途

客室●14室（全室トイレ付）
和13室　和洋1室
設備・備品／テレビ、冷蔵庫、電気ポット、タオル、歯ブラシ、浴衣（大人のみ）など

設備・サービス
Wi-Fi▶1階ロビー周辺のみ可能
一人旅▶1泊2食14,450円〜
バリアフリー▶対応客室あり（和洋室）
その他▶レストラン、売店、宴会場、グラウンドゴルフ場など

やすらぎの湯

風呂●大浴場・露天風呂・サウナ
入浴／15:00〜22:00、6:00〜8:00
設備・備品／シャンプー、リンス、ボディーソープ、ドライヤーなど

国民宿舎 ホテル高千穂
こくみんしゅくしゃ ほてるたかちほ

九州 宮崎県

Wi-Fi　バリアフリー　一人旅　CARD

☎0982-72-3255　fax:0982-72-3257
西臼杵郡高千穂町三田井1037-4
予約●電話・予約サイト　IN/OUT●15：00／10：00
HP▶http://h-takachiho.com/

天の岩戸をイメージした玄関に迎えられる

JR日豊本線延岡駅より路線バスで約80分、高千穂バスセンター下車、徒歩約15分
車▶九州自動車道松橋ICより国道218号経由で約75km
P▶80台（無料）
送迎▶なし

神々が日本で初めて降り立った高千穂

　神話ゆかりの名所が点在する神々の里・高千穂。ホテルから高千穂峡、高千穂神社が徒歩圏内で、観光拠点にも最適だ。毎夜高千穂神社で行われる、国の重要無形文化財に指定されている「夜神楽」はぜひ鑑賞したい。全国和牛能力共進会で日本一を獲得した高千穂牛を使用した、会席や囲炉裏料理が楽しめる。

料理

夕食▶会席料理（高千穂牛の陶板焼き会席
朝食▶バイキング
子ども▶お子様会席、お子様ランチあり

宿泊料金

1泊2食（税・サ込）
大人　　　　　　　11,700円～
小人（小学生）　　5,850円～
※未就学児無料（食事代別）。休前日1,000円増

客室●39室（全室バス・トイレ付）
和20室　洋17室　和洋2室
設備・備品／テレビ、冷蔵庫、電気ポット、タオル、歯ブラシ、ドライヤー、充電器、浴衣など

風呂●大浴場・サウナ
入浴/15：00～23：00、6：00～9：00
サウナ15：00～21：00　※日帰り湯390円（11：00～16：00、月曜休み）
設備・備品／シャンプー、リンス、ボディーソープ、ドライヤーなど

設備・サービス

Wi-Fi▶館内完備
一人旅▶1泊2食12,300円～
バリアフリー▶対応客室あり（ハンディーキャップルーム）
その他▶レストラン、カフェレストラン、売店、大広間など

高千穂神社での夜神楽（要事前予約）

ごかせ温泉 森の宿木地屋
ごかせおんせん もりのやどきじや

`温泉` `Wi-Fi` `バリアフリー` `一人旅` `喫煙` `CARD`

☎0982-82-1115　fax:0982-82-1145
西臼杵郡五ヶ瀬町三ヶ所9223
予約●電話・HP・予約サイト　IN/OUT●15：00／10：00　不定休
HP●https://www.gokase.co.jp/kijiya/

九州 宮崎県

五ヶ瀬の木材でできた温かみのある建物

JR豊肥線宮地駅より車で約70分（バス便もあるが乗り継ぎが多いので要確認）
車▶九州自動車道松橋ICより国道218号経由で約60km
P▶30台（無料）
送迎▶なし

五ヶ瀬の大自然に包まれた湯の宿

　館内にある「レストラン五瀬」は、宮崎県認定の「地産地消こだわり料理の店」。四季折々の地元食材を使ったこだわりの季節料理とともに、五ヶ瀬町産ブドウ100％使用の五ヶ瀬ワインや宮崎の焼酎などが楽める。料理と五ヶ瀬の大自然、美人の湯とよばれるとろとろ天然温泉で、心身ともにリフレッシュできる。

料理

夕食▶旬の食材を使用したこだわりの会席料理
朝食▶洋食か和食かを選べる
子ども▶お子様向けメニューあり

宿泊料金
1泊2食（税・サ込）
大人　　　　　　11,370円〜
小人（小学生）　 7,504円〜
※幼児（未就学児）寝具不要の場合は無料、食事は別途

客室●14室（バス付5室・トイレ付8室）和6室　洋6室　和洋2室
設備・備品／テレビ、冷蔵庫、電気ポット、タオル、歯ブラシ、ドライヤー、浴衣など

風呂●大浴場
入浴／10：00〜21：00（火曜は15：00〜21：00）
設備・備品／シャンプー、リンス、ボディーソープ、ドライヤーなど

設備・サービス
Wi-Fi▶館内完備
一人旅▶追加料金1,080円〜
バリアフリー▶対応客室あり（洋1室）
その他▶食事処、売店、談話室、ビアガーデン（7〜9月）、大広間など

なめらかな湯が人気

綾川荘 本館

あやがわそう ほんかん

九州 宮崎県

Wi-Fi　バリアフリー　CARD

☎0985-77-1227　fax:0985-77-0932

東諸県郡綾町大字北俣3765

予約●電話・予約サイト　IN/OUT●16：00／10：00
HP●https://ayakawasou.com/

宮崎の奥座敷・綾町の山と川に囲まれた施設

照葉樹と温泉と料理でほっこり

　ユネスコエコパークに登録された綾町を流れる綾北川沿いに立地。日本最大級の原生的な照葉樹林が広がる森林セラピー基地、イオン化作用の温泉を楽しめ、せせらぎの音に包まれてゆるりとした癒しの時間を過ごせる。茅葺きの離れの食事処「式部屋敷」では、囲炉裏を囲んで鮎料理や猪鍋などの囲炉裏料理を堪能できる。

宿泊料金

1泊2食（税・サ込）
大人　　　　　　　　12,000円
小人（4歳～小学生）　10,000円
※幼児（4歳未満）無料

無色透明の光明石温泉

客室●28室（全室バス・トイレ付）

和3室　洋23室　和洋1室　バリアフリー1室
設備・備品／テレビ、冷蔵庫、電気ポット、タオル、歯ブラシ、浴衣など

風呂●大浴場・サウナ

入浴／10：00～21：00
設備・備品／シャンプー、リンス、ボディーソープ、ドライヤーなど

JR宮崎駅より宮交バス綾町方面行きで約60分、綾待合所下車、車で約5分
車▶東九州自動車道宮崎西ICより県道17号経由で約20km
P▶80台（無料）
送迎▶なし

料理

夕食▶本館レストランで和食・洋食
朝食▶本館レストランで和食
子ども▶お子様ランチあり

設備・サービス

Wi-Fi▶館内完備
バリアフリー▶対応客室あり（特別室1室）
その他▶レストラン、売店、会議室、大広間など

春の式部屋敷

国民宿舎 えびの高原荘
こくみんしゅくしゃ えびのこうげんそう

| 温泉 | Wi-Fi | バリアフリー | 一人旅 | 喫煙 | ペット | CARD |

☎0984-33-0161　fax:0984-33-0114
えびの市大字末永1489
予約●電話・HP・予約サイト　IN/OUT●15：00／10：00
HP●https://ebinokogenso.com/

九州 宮崎県

霧島錦江湾国立公園内、標高1200mにある唯一の宿

JR吉都線小林駅より車で約40分
車▶九州自動車道えびのICより県道30号経由で約19km
P▶50台（無料）
送迎▶小林駅、霧島神宮駅、小林バスセンター、小林IC、いわさきホテル前バス停から送迎あり（要予約）

日本最南端のスケートリンクがある温泉宿

　南九州唯一の屋外スケートリンクを完備。冬は、高原の自然の中でスケートを楽しめる。韓国岳をはじめ霧島連山の登山・トレッキングは徒歩圏内。ネイチャーガイドと一緒なら、初心者でも安心して自然と一体感を感じられる。疲れたら源泉掛け流し温泉でリフレッシュ。宿泊者専用貸切露天風呂もある（4〜11月）。

料理

夕食▶宮崎牛陶板焼きをメインとした季節の会席料理
朝食▶個々に炊き上げた釜炊きえびの米（ひのひかり）と地元産の食材を使った和食
子ども▶お子様ディナー・お子様ランチあり
※登山弁当（竹皮弁当）520円あり（要予約）

宿泊料金

1泊2食（税・サ込）
大人　　　　　　　　10,700円〜
小人（小学生）　　　 9,500円〜
幼児（未就学児）　　 4,220円
※入湯税150円（大人のみ）

毎分470リットル自噴する源泉掛け流し温泉

客室●46室
設備・備品／トイレ、テレビ、冷蔵庫、電気ポット、タオル、歯ブラシ、ドライヤーなど

風呂●大浴場・露天風呂・サウナ
入浴／11:30〜24:00、5:00〜9:00
設備・備品／シャンプー、リンス、ボディーソープ、ドライヤーなど。家族風呂あり

設備・サービス

Wi-Fi▶館内完備
一人旅▶1泊2食11,500円〜
バリアフリー▶館内一部対応
その他▶レストラン、ラウンジ、売店、大広間、ペット同伴客室、ランドリー、スケートリンク（12〜2月）など

ホテル青島サンクマール

ほてるあおしまさんくまーる

九州 宮崎県

温泉 Wi-Fi バリアフリー 一人旅 CARD

☎0985-55-4390　fax:0985-55-4919
宮崎市折生迫7408
予約●電話・HP・予約サイト　IN/OUT●15:00／10:00
HP●http://www.cinqmale.co.jp/

大自然に囲まれた青島に建つ癒しの宿

鬼の洗濯板を望むリフレッシュリゾート

　太平洋と、国の天然記念物に指定されている「鬼の洗濯板」の絶景が広がり、大自然を体感できるロケーション。海を感じながら入れる天然自噴温泉「美人の湯」も人気。チェックイン後の予約制となっている離れの貸切露天風呂や、露天風呂付き客室も好評。青島ならではの旬の海の幸も楽しみたい。

宿泊料金
1泊2食（税・サ込）
大人　　　　　　　13,400円〜
小人（3歳〜小学生）5,100円〜
※幼児（2歳以上）は施設使用料1,100円。
入湯税150円（大人のみ）

貸切露天風呂

客室●40室（全室バス・トイレ付）
和16室　洋9室　和洋15室
設備・備品／テレビ、冷蔵庫、電気ポット、タオル、歯ブラシ、ドライヤーなど

風呂●大浴場・サウナ
入浴／15:00〜23:00、6:00〜9:00
設備・備品／シャンプー、リンス、ボディーソープ、ドライヤーなど。
離れに貸切露天風呂あり

JR日南線青島駅より車で約5分
車▶宮崎自動車道宮崎ICより国道220号経由で約10km
P▶92台（無料）
送迎▶青島駅・青島バス停から送迎あり（要予約）

料理

夕食▶大広間・中宴会場・食事処で和食会席
朝食▶バイキング
子ども▶お子様ランチ・子ども会席あり

設備・サービス
Wi-Fi▶館内完備
一人旅▶1泊2食20,900円〜
バリアフリー▶車椅子対応客室あり（洋1室：2名1室13,400円〜）
その他▶レストラン、スナック、売店、会議室、宴会場、エステ、ドライビングシミュレーター、EV充電スタンドなど

かかしの里ゆぽっぽ

かかしのさとゆぽっぽ

`温泉` `Wi-Fi` `バリアフリー` `一人旅` `CARD`

☎0986-64-3711　fax:0986-64-3713
都城市山田町中霧島3340-2

予約●電話・HP・予約サイト　IN/OUT●15：00／10：00　第2・4火曜休み（4月は第2月火曜・10月は第2火水木曜休み、祝日・シーズン中は変動）　HP●https://miyakonojo-bonchi.com/yupoppo/

九州 宮崎県

緑豊かで静かな充実の温泉宿

JR都城駅より宮崎交通バス山田行きで約20分、ゆぽっぽ下車すぐ
車▶宮崎自動車道都城ICより国道10号、県道46・420号経由で約11km
P▶370台（無料）
送迎▶なし

26種類の浴槽が人気の癒しの温泉宿

　霧島連山の麓に湧き出る、とろりとした柔らかな浴感で知られる美人湯。浴槽の種類は男女合わせて全部で26種類もあり、雄大な霧島連山を眺めながら至福の時間が過ごせる。全客室からも霧島連山の大パノラマを眺望でき、各部屋の内湯でも天然温泉を楽しむことができる。

料理

夕食▶レストランまたは座敷で会席料理
朝食▶レストランで和定食または洋定食（チェックイン時に選択）
子ども▶夕朝食ともに子ども向け料理あり

宿泊料金

1泊2食（税・サ込）
大人　　　　　　　　9,130円～
小人（3歳～中学生）　5,500円～
※幼児（2歳以下）添寝無料

露天風呂

客室●11室（全室バス・トイレ付）和11室
設備・備品／内湯温泉、テレビ、冷蔵庫、電気ポット、タオル、アメニティグッズなど

風呂●主浴、岩風呂、露天風呂、低周波浴、イベント浴、水風呂、打たせ浴、サウナ、釜風呂、運動浴、歩行浴、舞浴、うつぶせ浴
入浴／9：00～21：00受付（日曜は7：00～21：00受付）
設備・備品／シャンプー、コンディショナー、ボディーソープ、ドライヤーなど

設備・サービス

Wi-Fi▶客室内完備
一人旅▶1泊2食11,330円～
バリアフリー▶対応客室1室あり
その他▶レストラン、売店、宴会場、グラウンドゴルフ場など

国民宿舎 ボルベリアダグリ
こくみんしゅくしゃ ぼるべりあだぐり

九州 鹿児島県

温泉 / Wi-Fi / バリアフリー / 一人旅 / 喫煙 / CARD

☎ 099-472-1478　fax:099-472-1479
志布志市志布志町夏井203
予約● 電話・HP・予約サイト　IN/OUT● 15：00／10：00
HP● https://www.b-daguri.com/

ダグリ岬海水浴場やダグリ岬遊園地にも好アクセス

JR日南線大隅夏井駅より徒歩約15分
車▶ 東九州自動車道曾於弥五郎ICより県道63号経由で約25km
P▶ 85台（無料）
送迎▶ なし

また訪れたくなる南国リゾート

「ボルベリア」とはスペイン語で「もう一度訪れたい」という意味。ダグリ岬の頂上に地中海のリゾートをイメージして造られた施設は、開放的な南国リゾート気分を満喫できる。とろとろ濃厚な肌触りの炭酸水素塩泉「岬の湯」からも志布志湾が一望でき、晴れた日には桜島まで見渡せることも。水平線に沈む夕日は格別。

料理

夕食▶ レストランで鹿児島の旬の食材を使った季節料理のコースなど（4,000円～）
朝食▶ レストランでバイキング（少人数の場合和定食）
子ども▶ 小学生ディナー2,200円、幼児ランチ1,620円

宿泊料金
1泊2食（税・サ込）
大人	12,000円～
小人（7～12歳）	7,700円
幼児（3歳以上）	4,400円

※休前日、夏休みは2,000円増

客室● 30室（全室バス・トイレ付）
和13室　洋15室　和洋2室
設備・備品／ テレビ、冷蔵庫、電気ポット、タオル、歯ブラシ、ドライヤー、浴衣など

風呂● 大浴場・露天風呂・サウナ
入浴／15：00～23：00、6：00～8：00
設備・備品／ シャンプー、リンス、ボディーソープ、ドライヤー、冷水機など。電気風呂あり

設備・サービス
Wi-Fi▶ 館内完備
一人旅▶ シングルルーム4室あり
バリアフリー▶ 対応客室あり（ツイン特洋1室）
その他▶ レストラン、ホール、売店、宴会場など

充実の美人の湯

ホテル ウェルビューかごしま

`温泉` `Wi-Fi` `バリアフリー` `一人旅` `CARD`

☎ 099-206-3838　fax:099-206-5069
鹿児島市与次郎2-4-25
予約●電話・HP・予約サイト　IN/OUT●15：00／11：00
HP●https://www.welview.com/

九州 鹿児島県

客室や展望温泉浴場からも雄大な桜島と向き合える

JR鹿児島中央駅桜島口東15番乗り場より市営バス16・2番線で約20分、与次郎2丁目下車、徒歩約3分
車▶九州自動車道鹿児島ICより与次郎方面へ約5km
P▶70台（有料）
送迎▶なし

桜島から昇る朝日とともに

　錦江湾の潮騒に包まれて、目の前に桜島が見えるシティホテル。鹿児島の旬の食材を利用した、和洋会席や郷土料理がリーズナブルに味わえる。桜島を眺めながら入れる展望温泉浴場は、贅沢な空間。海釣り公園やいおワールド・かごしま水族館へのアクセスも良好。薩摩半島や大隅半島の観光拠点にも適している。

料理

夕食▶レストランで和洋会席や郷土会席
朝食▶レストランでビュッフェ
子ども▶お子様ハンバーグなど子ども向けメニューあり

宿泊料金

1泊2食（税・サ込）
1人（大人・小人）　9,800円～
※幼児は寝具・食事なしの場合無料

客室 ●52室（全室バス・トイレ付）
和5室　洋47室
設備・備品／テレビ、冷蔵庫、空気清浄機、電気ポット、タオル、歯ブラシ、ドライヤー、ガウンなど

風呂 ●大浴場・サウナ
入浴／16：00～23：00、6：00～10：00（月曜は～9：00、月曜が祝日の場合は火曜～9：00）
設備・備品／シャンプー、リンス、ボディーソープ、ドライヤーなど

桜島を臨む温泉

設備・サービス

Wi-Fi▶館内完備
一人旅▶1泊2食9,800円～
バリアフリー▶対応客室あり（洋ツイン2室）
その他▶レストラン、宴会場、会議室、チャペルなど

ホテル前の散歩コース

国民宿舎 レインボー桜島
こくみんしゅくしゃ れいんぼーさくらじま

九州 鹿児島県

[温泉] [Wi-Fi] [バリアフリー] [喫煙] [CARD]

☎ 099-293-2323　fax:099-293-2324
鹿児島市桜島横山町1722-16
予約●電話・HP・予約サイト　IN/OUT●15:00／10:00
HP●https://www.qkamura-s.com/sakurajima/

桜島の麓にたたずむ宿へおじゃったもんせ

桜島と錦江湾に囲まれた絶好のロケーション

　地下1000mから湧き出る源泉掛け流しの湯「桜島マグマ温泉」は茶褐色の湯。錦江湾の絶景と雄大な桜島を体感しながら、自然がもたらす恩恵に癒されたい。館内はバリアフリーで、スタッフのサポートも万全。鹿児島黒豚や錦江湾の海の幸をふんだんに使った、人気の和洋折衷・鹿児島グルメも堪能できる。

宿泊料金
1泊2食（税・サ込）
大人	10,350円〜
小人（小学生）	6,600円
幼児（4歳以上）	3,300円

※休前日1,100円増。入湯税150円（大人のみ）

客室● 27室（バス付11室）
和20室　洋7室
設備・備品／トイレ、テレビ、冷蔵庫、電気ポット、タオル、歯ブラシ、ドライヤー、浴衣など

風呂● 大浴場・サウナ
入浴／15:00〜23:00、6:00〜9:00
設備・備品／シャンプー、リンス、ボディーソープ、ドライヤーなど。家族風呂（バリアフリー）あり

JR鹿児島駅より徒歩約7分、桜島桟橋（鹿児島港フェリーターミナル）からフェリーで約15分、桜島港より徒歩約8分
車▶九州自動車道薩摩吉田ICより県道16・国道10号経由、桜島桟橋よりフェリーで約15分
P▶60台（無料）
送迎▶桜島港から送迎あり（要予約）

料理

夕食▶レストランで旬の食材を使用した和洋折衷会席料理
朝食▶レストランで個人盛食
子ども▶お子様ランチ、黒毛和牛陶板御膳あり

設備・サービス
Wi-Fi▶ロビー、レストラン、客室のみ可能
一人旅▶1泊2食10,500円〜
バリアフリー▶対応客室あり（洋1室）
その他▶レストラン、売店、カラオケルーム、宴会場など

全長101mの足湯

休暇村 指宿
きゅうかむら いぶすき

`温泉` `Wi-Fi` `バリアフリー` `一人旅` `CARD`

☎0993-22-3211　fax:0993-22-3213
指宿市東方10445
予約●電話（6カ月前の同日9：00～）・HP・予約サイト　IN/OUT●15：00／10：00　不定休
HP●https://www.qkamura.or.jp/ibusuki/

九州 鹿児島県

種類も湯量も豊富な源泉かけ流し指宿温泉の休暇村

JR指宿枕崎線指宿駅より車で約10分
車▶九州自動車道鹿児島ICより指宿スカイラインへ、谷山ICより国道226号経由で約48km
P▶100台（無料）
送迎▶指宿駅から送迎あり（要予約）

料理

夕食▶メインダイニング「菜摘」で会席料理＋ハーフビュッフェ
朝食▶メインダイニング「菜摘」で品揃え豊富なビュッフェ
子ども▶お子様黒豚＋ハーフビュッフェ（小学生）、ちびっこ黒豚＋ハーフビュッフェ（幼児）
※ベビーフード無料提供あり

砂むし温泉がある休暇村

指宿温泉名物の砂むし温泉「癒砂（ゆさ）」、貸切半露天風呂「癒湯（ゆゆ）」、足湯「癒流（ゆる）」、露天風呂付き掛け流し天然温泉大浴場「知林の湯」など、心身ともにリフレッシュできる温泉三昧が楽しめる。四季折々の指宿の旬をじっくり味わえる会席料理＋ビュッフェの夕食は、大満足の逸品料理ぞろいの新スタイル。

宿泊料金
1泊2食（税・サ込）

大人	13,000円～
小人（小学生）	7,000円
幼児（4歳以上）	3,500円

※休前日大人2,200円増、ハイシーズン3,300円増。入湯税150円（大人のみ）

客室●56室（バス付3室）
和30室　洋11室　和洋15室
設備・備品／トイレ、テレビ、冷蔵庫、電気ポット、タオル、歯ブラシ、ドライヤー、浴衣など

風呂●大浴場・露天風呂
入浴／11：00～24：00、5：00～9：00
設備・備品／シャンプー、リンス、ボディーソープ、ドライヤー、冷水器など。砂むし温泉・貸切半露天風呂あり

設備・サービス
Wi-Fi▶館内完備
一人旅▶追加料金3,000円
バリアフリー▶館内スロープあり
その他▶レストラン、カフェ、売店、キッズコーナー、情報コーナー、無料足湯コーナー、宴会場など

指宿名物「砂むし温泉」

九州 鹿児島県 おきえらぶフローラルホテル

Wi-Fi バリアフリー 一人旅 喫煙 CARD

☎0997-93-2111　fax:0997-93-5370
大島郡知名町知名520
予約●電話・HP・予約サイト　IN/OUT●15：00／10：00
HP●https://floral-hotel.com

ヨットの帆をイメージして造られたモダンな外観

飛行機利用の場合、沖永良部空港より車で約25分。船便の場合、和泊港より車で約20分、知名港より車で約5分
P▶20台（無料）
送迎▶空港・港から送迎あり（要予約）

青い海と空と鍾乳洞の島を遊ぶ

沖永良部島は、奄美群島の南西部にある隆起サンゴ礁でできた島。ダイビングなどのマリンレジャーはもちろん、鍾乳洞など見どころもたくさん。島の最南端に建つ宿から、東洋一の鍾乳洞・昇竜洞まで車で約10分と、島の魅力を味わうのに絶好のロケーションだ。サウナ付き大浴場や展望浴場、南の島の海の幸も楽しめる。

宿泊料金
1泊朝食（税・サ込）
大人	7,480円〜
小人（小学生）	5,990円
幼児（4〜6歳）	4,070円

料理
夕食▶レストランで地元の食材を使った和食会席
朝食▶レストランで和洋幅広いメニューのバイキング
子ども▶お子さまランチ1,100円あり

客室●68室（トイレ付54室）
和8室　洋60室
設備・備品／テレビ、冷蔵庫、電気ポット、タオル、歯ブラシ、ドライヤー、浴衣など

風呂●大浴場・サウナ
入浴／5階展望浴場16：00〜24：00、6：00〜8：00
サウナ付大浴場17：00〜20：30（〜21：00）※宿泊者無料、水曜休
設備・備品／シャンプー、リンス、ボディーソープ、ドライヤーなど

設備・サービス
Wi-Fi▶館内完備
一人旅▶1泊朝食付7,095円〜
バリアフリー▶館内一部対応。車椅子貸し出しあり
その他▶レストラン、売店、コインランドリー、結婚式場、宴会場、会議室など

大浴場

展望浴場

マリンパレスかごしま

九州 鹿児島県

Wi-Fi　バリアフリー　一人旅　CARD

☎099-253-8822　fax:099-253-3030
鹿児島市与次郎2-8-8
予約●電話・HP・予約サイト　IN/OUT●15：00／10：00　不定休（年2回施設点検日あり）
HP●https://www.maripala.com/

鹿児島県庁、白波スタジアムなどが隣接

JR鹿児島中央駅より市営バス27番線・鹿児島中央駅経由市営バス16番線で九州電力前下車徒歩約4分
車▶九州自動車道鹿児島ICより国道3号・県道218号経由約5km
P▶100台（1泊500円～）
送迎▶なし

桜島を大迫力で望めるホテル

　全室オーシャンビューで、鹿児島のシンボル桜島を望める客室が自慢。賑わう市街地から少し離れているので、のんびりと過ごすことができる。桜島と錦江湾の景観を眺めながら入る、身体の芯から温まる塩化物泉の展望温泉は格別。温泉と厳選した旬の食材を用いた料理で、体も心も癒されそう。

料理

夕食▶レストランで洋食コース料理3種、和食会席2種、和食御膳3種
朝食▶レストランで御膳タイプ（変更の場合あり）
子ども▶幼児プレート3種（お子様料理、お子様ランチ、お子様セット）

宿泊料金

1泊2食（税・サ込）

大人	8,950円～
小人（小学生）	6,623円～
幼児（3歳以上）	2,662円～

※金曜・休前日、繁忙期等変動あり。
入湯税150円（大人のみ）

客室●46室（バス付35室）
和11室　洋34室　和洋1室
設備・備品／トイレ、テレビ、冷蔵庫、電気ポット、加湿空気清浄機、浴衣など

風呂●大浴場・サウナ
入浴／15：00～24：00、6：00～10：00
設備・備品／シャンプー、コンディショナー、ボディーソープ、ドライヤーなど

展望温泉

設備・サービス

Wi-Fi▶館内完備
一人旅▶1泊2食9,500円～（お部屋de夕食！テイクアウト弁当付プラン）
バリアフリー▶対応客室あり、盲導犬可
その他▶レストラン、ラウンジ、8階彩海「おくつろぎスペース」など

近畿　中部

000 000　枠内数字 / 掲載ページ番号

- 10　ホテルアウィーナ大阪
- 11　茨木市忍頂寺スポーツ公園・竜王山荘
- 12　大阪市舞洲障がい者スポーツセンター「ホテルアミティ舞洲」
- 13　大阪府立青少年海洋センター
- 14　休暇村 南淡路
- 15　ウェルネスパーク五色 公共の宿「浜千鳥」
- 16　ホテル北野プラザ六甲荘
- 17　丹波市立 丹波悠遊の森
- 18　国民宿舎 志んぐ荘
- 19　リフレッシュパーク市川
- 20　フォレストステーション波賀
- 21　ホテル シルク温泉 やまびこ
- 22　休暇村 竹野海岸
- 23　日本夕陽百選の宿 夕凪の丘
- 24　交流センター まきばの宿
- 25　白河院
- 26　花のいえ

- 27　丹後温泉 はしうど荘
- 28　アクトパル宇治
- 29　美山町自然文化村 河鹿荘
- 30　京都大呂ガーデンテラス
- 31　大河原温泉かもしか荘
- 32　国民宿舎 ビューロッジ琵琶
- 33　グリーンパーク山東 鴨池荘
- 34　ウッディパル余呉
- 35　グリーンパーク想い出の森 山荘くつき
- 36　己高庵
- 37　休暇村 近江八幡
- 38　十津川温泉 ホテル昴
- 39　国民宿舎 葛城高原ロッジ
- 40　かくれ里の宿 森の交流館
- 41　湯盛温泉 ホテル杉の湯
- 42　きなりの郷 下北山スポーツ公園

- 43　休暇村 南紀勝浦
- 44　休暇村 紀州加太
- 45　美里の湯 かじか荘
- 46　あさぎり
- 47　癒しの宿 クアハウス白浜
- 48　南紀すさみ温泉 ホテルベルヴェデーレ
- 49　公立学校共済組合津宿泊所「プラザ洞津」
- 50　リバーサイド茶倉
- 51　奥伊勢フォレストピア
- 52　入鹿温泉 ホテル瀞流荘

INDEX

あ

アクトパル宇治	28
あさぎり	46
浅間温泉 みやま荘	69
綾川荘 本館	144
いこいの村 能登半島	77
伊豆まつざき荘	63
一勝地温泉 かわせみ	138
茨木市忍頂寺スポーツ公園・竜王山荘	11
癒しの宿 クアハウス白浜	47
入鹿温泉 ホテル瀞流荘	52
ウェルネスパーク五色 公共の宿「浜千鳥」	15
牛深温泉 やすらぎ荘	141
ウッディパル余呉	34
馬路温泉	113
大河原温泉かもしか荘	31
大阪市舞洲障がい者スポーツセンター「ホテルアミティ舞洲」	12
大阪府立青少年海洋センター	13
おきえらぶフローラルホテル	152
奥伊勢フォレストピア	51

か

海眺の宿 あいお荘	98
かかしの里ゆぽっぽ	147
かくれ里の宿 森の交流館	40
神山温泉 ホテル四季の里＆いやしの湯	105
河辺ふるさとの宿	112
きなりの郷 下北山スポーツ公園	42
休暇村 指宿	151
休暇村 伊良湖	56
休暇村 越前三国	71
休暇村 近江八幡	37
休暇村 大久野島	97
休暇村 奥大山	86
休暇村 紀州加太	44
休暇村 讃岐五色台	108
休暇村 志賀島	122
休暇村 瀬戸内東予	110
休暇村 竹野海岸	22
休暇村 南紀勝浦	43
休暇村 能登千里浜	81
休暇村 乗鞍高原	68
休暇村 蒜山高原 本館	92
休暇村 富士	62
休暇村 南阿蘇	135
休暇村 南淡路	14
休暇村 南伊豆	64
京都大呂ガーデンテラス	30
グランデはがくれ	129
グリーンパーク想い出の森 山荘くつき	35
グリーンパーク山東 鴨池荘	33
KKR 平湯たから荘	58
KKR ホテル熊本	134
KKR ホテル博多	123
公共の宿 くじゃく荘	131
公共の宿 天然温泉 尾道ふれあいの里	96
高知共済会館 COMMUNITY SQUARE	115
公立学校共済組合津宿泊所「プラザ洞津」	49
交流センター まきばの宿	24
五箇山温泉 国民宿舎 五箇山荘	83
ごかせ温泉 森の宿木地屋	143
国民宿舎 壱岐島荘	133
国民宿舎 いろは島	130
国民宿舎 恵那山荘	61
国民宿舎 えびの高原荘	145
国民宿舎 大城	101
国民宿舎 奥浜名湖	65
国民宿舎 葛城高原ロッジ	39
国民宿舎 さんべ荘	90
国民宿舎 サンロード吉備路	94
国民宿舎 小豆島	107
国民宿舎 志んぐ荘	18
国民宿舎 水明荘	87
国民宿舎 鷹巣荘	72
国民宿舎 天望立山荘	84
国民宿舎 能登小牧台	80
国民宿舎 ビューロッジ琵琶	32

国民宿舎 ホテル高千穂 ……… 142
国民宿舎 ボルベリアダグリ ……… 148
国民宿舎 松代荘 ……… 70
国民宿舎 マリンテラスあしや ……… 124
国民宿舎 レインボー桜島 ……… 150
己高庵 ……… 36

さ
さがら温泉 茶湯里 ……… 140
作東バレンタインホテル ……… 91
しきぶ温泉 湯楽里 ……… 75
四万十源流の里 ……… 119
下関市営国民宿舎 海峡ビューしものせき 102
下関市 満珠荘 ……… 100
じゃこ丸パーク津田 ……… 106
白河院 ……… 25
宿毛リゾート 椰子の湯 ……… 120
珠洲温泉 のとじ荘 ……… 78
せせらぎ街道の宿 たかお ……… 60
セントコア山口 ……… 99
そよ風パーク ……… 136

た
泰澄の杜 ……… 74
丹後温泉 はしうど荘 ……… 27
丹波市立 丹波悠遊の森 ……… 17
町営ホテル 流星館 ……… 73
月ケ谷温泉 月の宿 ……… 104
土佐和紙工芸村　くらうど ……… 117
十津川温泉 ホテル昴 ……… 38
豊田市 百年草 ……… 55

な
中津渓谷 ゆの森 ……… 114
なべくら高原・森の家 ……… 67
南紀すさみ温泉 ホテルベルヴェデーレ 48
にぎたつ会館 ……… 111
日本夕陽百選の宿 夕凪の丘 ……… 23

は
白兎会館 ……… 88
花のいえ ……… 26
花の森ホテル ……… 109
花はす温泉 そまやま ……… 76
ピュアリティまきび ……… 93
広島市国民宿舎 湯来ロッジ ……… 95
フォレストステーション波賀 ……… 20
福岡リーセントホテル ……… 126
別府 豊泉荘 ……… 127
星野温泉 池の山荘 ……… 125
星ふるヴィレッジ TENGU ……… 116
ホテルアウィーナ大阪 ……… 10
ホテル青島サンクマール ……… 146
ホテル ウェルビューかごしま ……… 149
ホテル北野プラザ六甲荘 ……… 16
ホテルグランヴェール岐山 ……… 57
ホテル シルク温泉 やまびこ ……… 21
ホテル星羅四万十 ……… 118
ホテルセントヒル長崎 ……… 132
ホテルのときんぷら ……… 79
ホテルベイグランランド国東 ……… 128
ほりでーゆ～ 四季の郷 ……… 66

ま
マリンパレスかごしま ……… 153
美里の湯 かじか荘 ……… 45
道の駅飛騨金山 ぬく森の里温泉 ……… 59
美山町自然文化村 河鹿荘 ……… 29
モリトピア愛知 ……… 54

や・ら
八雲温泉 ゆうあい熊野館 ……… 89
八尾ゆめの森ゆうゆう館 ……… 82
山江温泉 ほたる ……… 139
ゆのまえ温泉 湯楽里 ……… 137
湯盛温泉 ホテル杉の湯 ……… 41
リバーサイド茶倉 ……… 50
リフレッシュパーク市川 ……… 19

取材

磯本歌見
砂野加代子
安田良子

デザイン・DTP

益田美穂子（open!sesame）

地図

松田三樹子

編集

OFFICE あんぐる

西日本「公共の宿」　改訂版 こだわり厳選ガイド

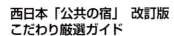

2023年12月15日　第1版・第1刷発行

著　者	あんぐる
発行者	株式会社メイツユニバーサルコンテンツ
	代表者　大羽　孝志
	〒102-0093東京都千代田区平河町一丁目1-8
印　刷	株式会社厚徳社

◎「メイツ出版」は当社の商標です。

●本書の一部、あるいは全部を無断でコピーすることは、法律で認められた場合を除き、著作権の侵害となりますので禁止します。
●定価はカバーに表示してあります。
Ⓒოfficeあんぐる,2018,2023. ISBN978-4-7804-2845-2　C2026 Printed in Japan.

ご意見・ご感想はホームページから承っております。
ウェブサイト http://www.mates-publishing.co.jp/

企画担当:清岡香奈

※本書は2018年発行の『西日本「公共の宿」厳選ベストガイド』に掲載していた情報の更新と一部掲載施設の差し替えを行い、書名を変更して改訂版として発行したものです。